井上敏明
Toshiaki Inoue

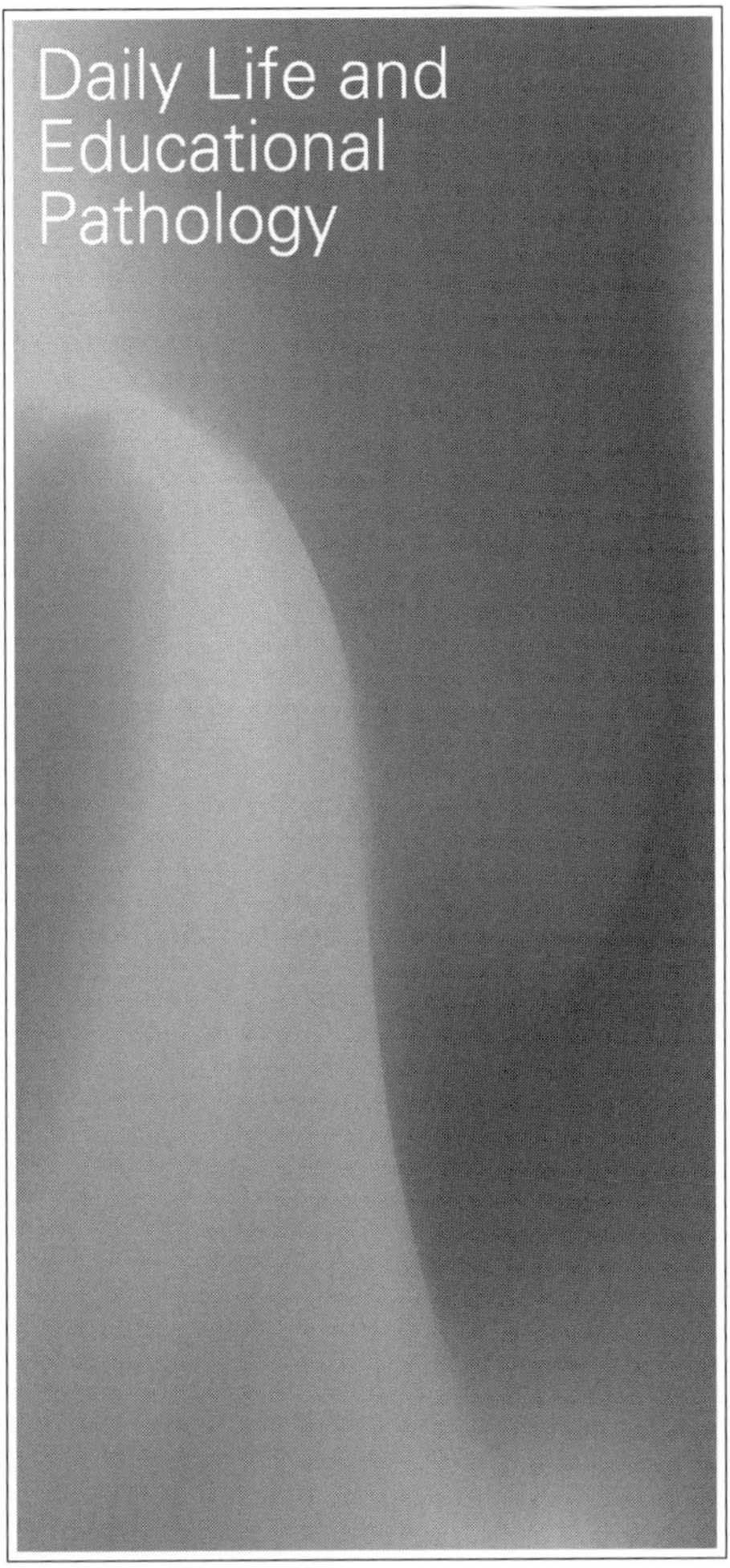

日常生活と教育病理

●偏差値コンプレックス脱却を求めて

朱《と》鷺《き》書房

前書き

―日本の教育の歴史的欠陥―

八〇年前、日本は米国に原爆を二発（広島、長崎）喰らい、終戦を迎えることになった。そして、太平洋戦争に負けたのである。第二次大戦後、今日に至るまで、世界のどの都市にも「原爆」は投下されていない現実を顧みるに、悲劇的惨事を日本だけが背負っているのだと言える。その時、米国は原爆を投じ、ソ連は、南樺太、千島、歯舞、色丹など四島を奪う暴挙に出たのである。

日ソ友好条約を破棄してである。ところが一九四五年、すでに「米、英、露」のヤルタ会談（一九四五年二月八日からの十一日間）にて、スターリンはドイツ降伏後、日本と戦う意思を表明していたのだという。

そして、その秘密会談の内容が、当時、スウェーデン日本大使館附武官、小野寺信のアパート五階にある郵便受けに投函されていた手紙に記されていた、という。送り主は「ストックホルム駐在のポーランド武官、ブルジェスクウィンスキーだった」と、『消えたヤルタ会談密約緊急電』―情報士官・小野寺信の孤独な戦い―（岡部伸著）に記載されている。

ところが、日本の命運を左右するこの貴重な秘密文書の内容が、日本陸軍参謀の中枢にいた瀬島龍三中佐のもとに送られていたものの、瀬島は公にしないで机の引き出しに仕舞ったまま封じたのだという。

当時、日本陸軍の中枢は作戦参謀本部である。参謀長がトップであるが、その重要な情報が作戦課の参謀、瀬島龍三中佐の手に握られていたのである。

陸軍中枢の仕組みは作戦と情報にあった。しかし、日本では作戦課が情報課の上にあり、岡部伸氏の言によると陸軍軍人幹部養成は幼年学校、士官学校、大学の三段階であったが、とりわけ陸士卒業の（五〇〇人）一割が陸大に進み（五〇人）その上位一％の者（一位〜五位）が天皇から軍刀をもらうのだが作戦課へ配属され（軍刀組）、武官小野寺信武官は六位故、情報課に行かされたのだという。

その「小野寺信」が、ヤルタ会談の重要な秘密情報をスウェーデンから日本の参謀本部へ送ったのにもかかわらず、一番で卒業したという作戦課の中枢にいた瀬島龍三中佐が「自分に不都合な情報」と解したのであろう、抹殺したのである。

そのため、終戦直前の日本政府中枢は、「スターリン」の本音を見落とし、当時の首相鈴木貫太郎すら、「スターリンは西郷南洲」などと想像を膨らまし日本の行くべき道を誤った、という。その歴史的ストーリーが、この書に語られている。

所詮は「成績の順位」が、人の優劣を極めつけるという序列意識に基づく人間の価値観・差別感が、「スターリンをつけ入らせた」という歴史を知ると、まさに悲話・悲劇・悲惨、と思えてくるのである。

本著の「前書き」どう切り出せば、と思案中、ふと、国の危機に直面した時の日本のリーダーに思いを寄せ、教育評価の病理が底辺にあると思えるこのエピソードが頭に浮かんだのである。

さて、二〇二一年の夏の日本は「コロナウィルス」で毎日のように死人が続出していた。責任を取ってか？辞意を表明したこの時の菅義偉総理は「ワクチン」一辺倒、重症の罹患者にどうすれば、の緊急対策に「抗体カクテル」で後回し、如何にもお茶を濁していた。政治というのは政治家である首相、総理大臣が指揮を執るのであるが、実際的、具体的策は全て事務方の仕事なのだ。

優秀なキャリア官僚が傍にいて、手を取り足を取っての策が国民に役立っているのか、現状は国民全てが不安の渦中に立たされていたと言っても過言ではなかった。混迷の最大原因は「感染症治療の扱い」が法律上２類のまま、それだとすべて保健所で仕切ることになる。

間に合わないのである。現実に添えないから悲惨である。助かる病人が自宅療養を強いられ死んでいった。医師たちは何故、法律はともかく、死を前にした感染者に手をこまねいたままだったのか？受験だと偏差値が高くなければ合格しない入学試験、それをクリアした医師集団のパワーは、悲しいかな発揮されていない。コロナウィルスに侵された罹患者を見逃しにしているのである。「病床」が無いと。

どうして危機意識を抱いて、政府に迫らなかったのか不思議である。上級官僚にしろ医師にしろ、いわば「受験秀才」のなれの果て、と言いたくなる。

今から五七年前（一九六五年、十一月二十五日）私は日本の受験の病的心理をテーマに書いた『受験生の心理』を上梓したのであるが、後書きに、次のような内容の一文を認めていたのだった。

「日本のリーダーに欠落している第一のものは、射程長く先を見る先見性とビジョンだと言われている。

政治は現実に即応する事の急務であるが、一方、教育百年の大計ではないが、先を見通しつつ創造的に未来へ向かって対応することも必要である。

日本の政治にないのはこれだ。

何かあればいつも慌てて混乱する。火を消すだけで、次の火事がどうしたら起きないようにするかはあまり考えない。

このようなリーダーしかいないということは、日本の学校教育の大きな流れが受験教育である、ということと関係が深い。

私たちは、日本の将来、つまり子どもたちの未来が、本当に幸せに生き残れるかどうかを心配する意味において、受験競争で一体どんな人間が出来上がっているのか、今一度考えることこそ、私たち大人の急務ではないだろうか。

さまざまな公害汚染、気味の悪い気象条件の変化、見えないがじわじわ忍び寄っているとしか思えない人間荒廃。

私たちが生きてきた過去の基準は、もう終わりにしないと日本は滅びるのではないか。

一人の人間が生き延びる原理に立つ受験教育の理念は、もう過去のものである。

お互いチームワークの中で助け合いながら、抽象思考型も具象思考型もその働きにおいて認め合う教育の理念とその教育実践こそ、これからの課題であろう。

それにつけても、教育学者や教師たちの責任は重大である。

学校秀才を日本のリーダーに押し上げる功罪に、気付いていないのである。」


その学校システムの欠落が、日本を最悪の状況に陥れたのが、昭和十六年（一九四一年）十二月八日の太平洋戦争（当時は大東亜戦争）であった。アメリカはハワイ州の「真珠湾」攻撃から始まった。陸軍幼年学校から陸軍大学校出身の東条英機首相成績上位者などが陣頭指揮を執ったのである。

「コロナウィルス」感染の対策は、罹患者の急変に即対応できる医療の確保である。

世界的ともいえるスケールの大きなコロナ罹患、種痘のようにはまだまだ、である。そうであるものの、罹患者を救う道は早く病床を得、濃度の濃い酸素を提供し、抗体カクテルを体内に注入する、という処置である。しかしその対応を引き受ける医療のシステムが不足していたのである。

自宅での待機組が何万になるというのに、二〇二一年の夏の医療行政は、欠落のまま!?とりわけ、行政府のリーダー、国も地方自治体も及び腰であった。

政治家も頼りないが、秀才揃いの行政官も頼りない。いわば、行政省庁のエリート、受験に強いスタッフたちである。しかし危機に直面すると立往生、これでは国民は誰を頼みとすればいいのか。

一九四一年十二月八日、幼年学校、士官学校、陸軍大学等のエリート群が、負けるのを内々分かっていて、大東亜戦争を勃発させたのとよく似ている。

勝つ筈の戦争が、大敗北、日本は二発の原爆を阿鼻て、手を挙げた。

戦争を指揮した高級官僚、高級軍人もエリート官僚も青少年時代、大変な受験を掻い潜りこの世に躍り出た者達である。その連中が、国民を扇動し、三一〇万人もの人達を駆り立て、殺して仕舞ったのである。

その責任はキチンと始末したのか?否、である。極東裁判は、敵の米国を中心とした連合軍の裁き、である。日本人が、当時の責任者を裁いたわけではない。今もなお、誰も裁かれないまま八〇年が経過しているのである。

犠牲者は当時の「受験秀才」に引き摺られたものの、その責任はそのまま歴史に葬られているのである。表向き負けるはずはないと仕掛け、敗北しても、その責任をとらない、いわば「受験秀才」「学校秀才」の「成れの果て」をやはり凝視し続けねばならないのではないか。開戦当時、小学一年だった私は今もそう思っているのである。

本著『日常生活と教育病理』シリーズ№2は、「教育の病理」がテーマである。「カウンセリング」の専門家として長年携わってきた教育現場に垣間見た、その「病理」とも言える問題現象について執筆した内容である。

理屈でなく、現実の、目の前の教育現象に近接しての記述の数々である。

小、中、高、十二年間の教育システムに乗って大人になっていく若者たち、将来の日本を背負うわけだが、果たしてどこまで頑張られるのか、高齢者の心境としてはいいともわるいとも計りがたい。教育病理は果てしなく覆っているのが現状だけに不安がいっぱい、というのが本音である。教育に携わる方々に再考を期したいものである。

目次

装丁　白沢　正

第一章　偏差値意識に傷つく日本の青少年

日本の若者たちが無気力化する場は決まって「学校内」である。

外では遊びであればいたって元気なのである。学校に行き、卒業しないと、この世に出ていけない仕組みに填《は》められている若者たちにとって、学習、テスト、成績は、勉強に馴染めない子たちにとってストレスといえよう。

日本の若者の「無気力症」を論ずるには、どうしても通らなければならない関所こそ「学歴論」である。

一九八〇年に出版した拙著『学歴の深層心理』（世界思想社）は米国の国立議員図書館をはじめ、多くの大学でも購入されたが、日本の各大学の図書館だと東大・京大を含め総計八九校、何度も再版された本である。その文中で私は、日本人のコンプレックスは教育課程で感情移入された「成績病的こだわり」であり、それは子どもの知能のタイプを無視した一律的、一方的な教え方から来る成績の結果の押しつけにあると主張したのである。

小学校時代、三段階で1．や2．の子が、中学に進んで4．や5．になるということはまず無い、と言える。

即ち、九年間の義務教育期間中、毎学期、教師のつけた「通知表」なるものを家に持ち帰るとして、結局のところ3．以下の子どもの成績が4．や5．になることはない。

となると、通知表に記してもらわなくてもいいわけで、親も妙な期待を抱かなくても済む。また、落ち込みもなくなるのではないか（？）

成績の結果の一喜一憂がどんなに親と子の関係を歪めているか、考えてみればみるほどに深刻である。この成績の記載が十年一日のごとく、教師の業務の一つとなっているのである。

そして大概の決まり文句は、その子が出来ようもないことが分かっていても「来学期はもうひと頑張りしましょう」と記し、お茶を濁す教師のずるさと怠慢はまさに許し難いといえよう。

義務教育を終える頃にはもうやり直しのきかない「点数成績ランク」で人をはかる尺度がそれぞれの子どもの脳裏にインプットされ、これを死ぬまで日本人は抱き続けるのである。

ここに日本人特有の「学校病」にかかった心の歪みがあり、日常生活にそれが反映されていることをこの拙著の中で指摘したのであった。

「お子さんはたしか、もう高校生じゃないですか」

「ええ、おかげさまでいつのまにか高校一年生になりまして――」

「よかったですね、本当に子どもの成長は早いものですね」

これで終わる会話はまずない。学校名を言っておかないと必ず、「どこの高校にお通いですか」と聞かれる。だから、いい悪いはともかくとして、学校名を始めから言っておくと楽である。

それがおかげさまでN高校です、K高校です、R高校です、と偏差値の高い有名校だと言いやすい。しかし⁉である。

阪神間には才媛さんの集う有名なK女学院がある、ところが、この学校には昔から「制服」がない。となると女学院のプライドの証明は、国会議員のバッジならぬ「校章」を胸につけることで才女の証は可能となるのである。入学して間もない頃、慌ただしい登校前、支度の段取りが悪く、うっかり胸のバッジのつけ忘れを車中で気づくと「半狂乱」（？）に近い心理になるのだという。

どうしてこういうことになるのか。「理屈」は東大の理Ⅲの学生と同じで、中一の新入生の生徒は女学院と同一化することで「自己」が成り立つのである。そのため、女学院の顔がなくては心理的に不安定になるという自我の地盤の上に、彼女たちは立っているのである。

だからであろう、卒業後の結婚相手も医師やキャリア官僚、司法官や弁護士でなくてはならない。つまるところ、偏差値レベルの低い人間と結婚するということは、落ちこぼれと同一化するので受け入れようがないのである。

いまや大学も全国で八〇〇近くもあるというのであるから、「学歴コンプレックス」というのではない。「出身校コンプレックス」が人間の心を歪めているのである。

それがよく分かるのは高校群である。

まず、生徒の表情が違う。トップ校の場合、見かけは生徒の顔が凛としているという。

では底辺の高校の生徒の顔はどうなのか？
いかにも人間的である？といえようか。

エリート志向の高い日本人

話は変わるが、先に触れた拙著『学歴の深層心理』が何年か前米国の「シカゴ大学」の図書館の蔵書となっているのを、州立ジョージア大学の大学院博士課程在学中の日本から留学のＭさんという女子学生の手紙で知らされたことがあった。一部紹介したい。

「はじめまして。一九八〇年初版発行の『学歴の深層心理』を読んだ者です。読んでいるうちにいろいろ述べたくなりお便りしています。

私の論文のテーマが貧困についてであること、そして貧困と学歴が密接な関係にあること、そして何より私自身最近、時々エリート学生に対して横割り制度の日本での生活では味わうことのなかった、妙な劣等意識にたびたび侵されることがこの本に関心を持った理由の一部です。

肝心の『学歴の…』ですが、とても楽しく読みました。手に取ったきっかけは、『有名大学』であるシカゴ大学の図書館に行く機会があり、そこで日本語の本でおもしろそうなものをさーっと見て回った時に、私にとってはまるで専門外ですが、なんだかどきっとして題目に惹かれ、アメリカの図書館貸出制度を利用してこちらに戻ってから取り寄せた次第です。

一番為になったのは、国立大学を出ていてエリート意識いっぱいの人たちにどう対処したらよいのか、参考になる言葉が載っていたことでしょうか。私自身いわゆる『二流』なのですが、こちらに来るまでエリート思考の高い日本人の存在など知りもしませんでした。この方々、揃いも揃って国立大学卒です。私の仮説ですが、本当に賢い人や、その道で成功を収めていて精神的にも充実している人たちは、傲慢な態度を取らないのではないでしょうか。特に院生という身分的にも財政的にも中途半端な立場が、よけい変な優劣をつけたがる要因にもなっているのでは、と楽観的に彼らを観察しています。それから、現地生活に不自由を感じている、等ということも日本人の前では変な自慢をして精神的均衡を保つためには効果的なようです。これは本当に私の負け惜しみでしょうが、頭脳は諸君たちは揃いも揃って英語がめちゃくちゃですから。

少し前のことですが、こちらの日本人学生会の会長を務めていた時に、日本紹介の大きな催しごとを主宰しました。その際、日本人同士、いわゆる国立大学院卒の理論派と、その他の感覚派、人情派がすごく対立しました。ほんとうに対照的でした。こちらではなにしろ日本人社会が狭いので、普通だったら『合わない』者同士が、お酒の席などでしばしば共に過ごしたりする機会があります。その際にやはり、先生の表現でいうブルーカラーとエリート意識丸出しのホワイトカラーがぶつかるのを見ていて、日本社会を垣間見た気がしました。男の人は面と向かって喧嘩をすることもあるので、はっきりしています。―」

この本は四十年も前の本である。その四十年間に、どれだけ受験状況は変化してきたのか。残念ながら悪くなりこそすれ、改善の方向に進んでいるとは少しも思えないのである。大蔵省が「財務省」という名称になったからといって、本質的にその機軸の変転があるわけではなく、たまたま私大出身のキャリアの卵が何人か（世論に押されてか）採用されたという程度。相変わらずの学歴というより出身大学の偏向であることは否めないのが実情である。

要は、ペーパーテストを基準にした「成績」の結果によって人を見るのが、「公平」と思う思い込みというか、その先入観が全てということになるのである。

「高卒」の資格

「苔やシダ」類の研究で世界的にも有名だった天才・奇才の「南方熊楠」が、東京大学の前身東京予備門に合格したものの、「幾何学」科目を落としたため進級できなかったということは有名な話である。幾何が出来なくても、彼のいわば異才ともいうべきユニークな魅力は十分に発揮できていたのだから、もし予備門を卒業していたとすれば、また違ったスタイルでこの世の期待に応えることも出来たであろう。同じく「幾何」が出来ないことだけで落とされた「正岡子規」のように、俳人として大成する人もいるのだから、学習とは何か考えさせられてしまう。

明治時代のこの様なエピソードは日本の現代の学校に今なお息づいているのだから、困ったものである。

小・中学校はともかく、高校の場合単位修得を前提とした学年末の進級において、中には一教科を落とすだけで留年というところもあるという。もちろん追試などで救済はしているものの、二教科以上は駄目というのは、ざらである。

ところが、現実には、高校入試で完全にランキング分けされた高校群の上位校と下位校の差は、考えられないほど大きいのである。仮に単独選抜校区のトップ校の生徒が、二教科を落としたとしよう。この生徒の学力は、知的障害系の生徒をも入学させ、卒業させる学校の生徒と比べた時どうなのか。敢えて言わなくても分かっていただけるであろう。

それでも上位校の生徒が留年し、中途退学した場合、学歴は「中卒」となり、下位校生徒でも「高卒」となる。仮に「高等学校卒業程度認定試験」を受け、受験資格を取得したとしても退学しているため、「高卒」の資格は得られないのである。

こう考えると「学歴」というのは今の日本では、本質的にはほとんど意味がないように見える。それでいて生きていくのには必要というわけで、猫も杓子もではないが、高校中退者が、それでも「高卒」でなければと、単位制や通信制に執着しているのである。

無理もない。20年ほど前まで、国家公務員の中で、郵政省職員や法務省の矯正局管内の刑務所に勤務する刑務官は、中卒の資格で初級試験が受けられたのに、今はもう駄目である。何はともあれ「高卒」からスタート、というのが日本の現状である。義務教育は高校まで引き上げるべきということになりそうなほど、高校全員入学の時代にきている。もし差をつけるとすれば、出身高校差で人を見るということになる。やはり最終的には点数差というか、順位差で人を見ないと落ち着かないというのは日本文化のせいなのか、日本人だからということなのだろうか。

バーチャル時代の親たち

ところで阪神間にある国立K大学医学部は、旧制K医専が母体になっている。帝国大学系医学部ではない。たとえ国立K大学に移管されていても、卒業者は、京大、阪大卒の医師に一目置くという意識がひと昔、ふた昔前の人ほど脳裏に巣食っているのである。

ある開業医の息子が、東大の理Ⅰに入ったものの「進振り」で、原子力系の学科に決まり、落ち込んだ。そこで家業を継ぐべく医学部に挑戦と奮起したものの、地方の医科大学合格ラインでしか駄目と分かった時、「そんなとこを出てもせいぜい開業医だぞ!」と決めつけた父の言葉にショックを受けたのであろう、うつ病になったという事例に出会ったことがあった。いま風にいえば「心的外傷後ストレス障害(PTSD)」である。

医専が母体である国立K大出の父親は自分の辿った屈辱が脳裏にあって、子どもの将来像を自分とオーバーラップさせて不安を覚えたのであろう。

大阪で、劣悪病院とラベリングされた私立のY精神病院が廃院になった事件は周知のことだが、この病院長は、戦前においてはまぼろし的存在であった、旧H帝国医科大学所属の急ごしらえの医専卒であった。戦地に赴く軍医速成の目的で作られた医専であったから、本格的な勉強は後回しだったのであろう。そうなると、いわゆる帝大系の医学部卒の医師は、こういった類のインスタント・ドクターを一人前扱いしなかったのである。

例えばの話、大阪帝大卒のある病院長のT医師いわく、「あの手の連中をよくいじめたものでした」と。悪質な精神病院というので、厚生省に潰された(?)Y病院の同じ大学の医専卒である病院長のことに触れて話されたのだが、その発言が私の脳裏に強く残っている。

「成績」、「学歴」、「出身校」、「取得」等の有無で人を選別するという「便利」な尺度が、この医師の話のごとく、いまなお日本人の心を汚染し続けているので、少子時代だというのに相変わらず「進学塾」は盛況なのであろう。(有名塾に、そこのスクールバスで四十分もかけて通うという阪神間のA市の小五の児童、今もそうなのである。)

わが子の幸せを願う親の気持ちはよく分かる。しかし確実なコースに乗せようとすることと、子どもの能力や個性は必ずしも一致しないのである。小学校の低学年どころか、幼児の頃よりハッパをかけ、いい学校のその向こうに子どもの幸せが必ずあるように思い込む親の心情こそ、今でいうバーチャルの世界に囚われているのではないか。それをバーチャルではなくリアリティと確信している「教育パパやママ」のなんと多いことか。

中学生の川柳、「学校で計れぬ能力俺にあり」と頑張ってみても、歴史的に士・農・工・商的身分意識に囚われ続けた日本の土壌では、なかなかに、人との比較で差をつけないと生きていけない、という意識（日本人の深層心理）から解放されないのであろうか。

太平洋戦争とハンモックナンバー

かの大東亜戦争は「太平洋戦争」と名称が変わってしまっているが、当時の海軍の英雄といえば、一九四〇年十二月八日の真珠湾奇襲攻撃を決行したリーダー「山本五十六」連合艦隊司令長官であった。

このヒーローが南太平洋のブーゲンビル上空であっけなく花と散ってから、日本海軍は一気に敗戦へと傾くのであるが、何故みすみすと思えるような生命の落とし方をしてしまったのか。

戦記をライフワークとしていた故・豊田穣氏（海軍兵学校卒）が、『歴史と人物』（昭和五十一年八月号、中央公論社）の中で、山本五十六長官の死が「成績へのこだわり」と関係ありとして次のように記述している。成績主義と日本の海軍の持つ体質とが関係しているのが面白い。

＊　当時、日本海軍は、ガダルカナル島周辺の米軍艦船を粉砕して、米軍が北上するのを阻止しようと、

「い号作戦」を立案した時、宇垣（宇垣纏連合艦隊参謀長、少将、海兵四〇期）がはたと困った問題があった。それは、ハンモックナンバー（卒業席次のこと）と統帥権の問題である。

航空決戦部隊である第三艦隊の司令官小沢治三郎中将と、ラバウルに基地を持つ南東方面艦隊司令長官草鹿任一中将とは共に海兵三七期であるが、ハンモックナンバーは草鹿の二一番に対して小沢の四五番と、小沢の方が後である。「これはまずいな」と宇垣は呟いた。

ラバウルを基地として、空母と陸上基地部隊の全飛行機を持っている「い号作戦」の指揮は当然、小沢がとらねばならない。なんといっても、空母部隊が虎の子であるからだ。しかし、猛将といわれる草鹿任一がそれで納得するであろうか？

そこで、彼が部下の参謀と協議した結果、山本五十六をラバウルに引っ張り出すことを考えついた。「そうだ、それが上策だ。そうすれば長官の前線視察という懸案も同時に解決できる」宇垣は膝を打った。

こうしてハンモックナンバーの問題を解決するため山本五十六は、「い号作戦」の総指揮官として、ラバウルに将旗を進め、やがてブーゲンビル島で生涯を閉じる運命を辿るのである。

＊　このストーリーは「豊田纏」的仮説である。戦争をするという大変な状況下でこのようなことを考えるなんて「？」と思う人もいるかもしれない。

しかし、同じく海軍兵学校の門をくぐり、ハンモックナンバーの烙印を押されて卒業し、その後、艦船を攻撃し、撃ち落とされ一週間漂流し米軍の捕虜となった作家、豊田穰氏であることを前提にして思い浮かべてみると、人間というのは、ここ一番という時ほど心情的になりやすい、という性情をよくわかった「山本五十六」だからこそ、ブーゲンビルの空を飛んだといえなくはないのである。

いわば「海兵」(海軍兵学校に限らず、海軍大学校は更にこだわりが)という学校集団に根差していた「成績文化」は、上意下達を主幹とした命令と服従のシステムによって醸成されていた、一つの価値尺度と見ていいのではないか。「上は上、下は下」でないと秩序が保てないという危惧意識が、ハンモックナンバー主義を支えていたともいえそうである。

皮肉なことに、この時の立案者である参謀長、宇垣纏のハンモックナンバーは一番だったという。こういった陸・海軍共々の優等生的気負いが、日本を敗戦国へと引きずり込むのだから恐ろしい話である。

八十年以上も昔の出来事はひょっとすると、財務省をはじめとする高級官僚たちの舵取りと、何となくオーバーラップするのでは、と思いたくなるのは、読者諸賢とて同じではないだろうか。

「偏差値人間」の心理

中学時代、同じ進学塾で競い合ったA君とB君。Aは旧制帝大系の医学部、Bは地方の国立大系の医学部。今若いドクターとして某病院の医局に勤務している。なにかあるとBはしきりとAに向かって「おまえはええなあ。ブランドやから！」と嫌味を言うのだそうだ。

医師になってしまえばもうそれで終わりと思いきや、いつまでも心の奥に仕舞い込んでいる大学受験のランキング意識、いつになればそのこだわりから抜け切れるのであろうか。

そういえば二十年前だったがバーチャル感覚の延長で、五〇〇人もの乗客を乗せたジャンボ機を操縦しようと本気で思い、それを決行した、という事件があった。機長まで殺害した犯人は当時二十八才の名門一橋大学卒だったのである。しかも、中高は東京の私学エリートM校である。この男も異常心理に追い詰められた「偏差値人間」ではなかっただろうか。

ところで『新潮四五』（一九九九年十月号）に出ている諸井薫氏の言によると、文藝評論家として有名だった江藤淳は、大学受験時「東京大学文Ⅱ」を受けたが、二点不足したため不合格となり、滑り止めで合格していた慶應義塾大文学部に入ったのだという。氏の言葉を借りると次のようになる。

「—誇り高い江藤にとってそれは屈辱的な挫折だったようだ。その頃の日比谷高校で慶應の文科に行くなんてことは紛れもない落ちこぼれで、教師から面と向かって『君も案外伸びなかったね』と言われ、江藤は憤然とし、それ以来日比谷高校に足を運んだことはないと『日本と私』の中にも書いている」

誇り高い江藤淳だから高校教師の一言が「心の傷」になったというのではなく、東大合格はほぼ間違いないと自他共に容認していたにも関わらず、結果は不合格、それに教師の言葉が追い討ちをかけたのであろう。

私はかねがね、学歴というか偏差値病の仕掛け人は教師にありと主張し続けているのだが、それ以上に露骨なのは進学塾教師であるのは周知のこと。誰もが不快な体験として記憶の奥に秘めているのではないだろうか。

兵庫県下、神戸市の高校受験は単独選抜で、三区に分かれているがトップはそれぞれK・H・N校となる（ほかに加古川市、姫路市以外、兵庫県下は当時総合選抜制であった）。とりわけ名門の伝統を他の二校よりも誇っているのは高校で逸材を輩出しているとの理由で、教師たちは、学習意欲を触発すべく在校生にハッパをかけているのである。

しかしながらひと昔もふた昔も前の時代と違って、今や秀才君たちの大半が私立の有名進学校へ中学時代から入学するわけだから、言ってみれば歯抜けである。

そうであるのに、相変わらずの「鼓舞」、生徒にとって、迷惑そのものと言わざるを得ないのである。

「出身高校はどこ？」

「ええK高校です」

「じゃ、京都大学か神戸大学？」

「それが…」

となりかねないのである。

このエピソードに似た話が、『別冊文芸春秋』（一九九九年・秋）に掲載されていた。芸能評論家で立命館大学教授の木津川計氏のエッセー、「桂枝雀の求道者人生」である。

「枝雀さんは頭の良い人だった。一を聞いて十を悟る秀才はいるが、この人は苦も無く三十をわきまえることが出来た」

氏によると、これほど頭の良い「枝雀」は家庭の事情で中学校卒業後、三菱電機の旋盤工を経て兵庫県伊丹市にある市立伊丹高校の「給仕」となり、同じ学校の定時制に入学。昭和三十五年の春には神戸大学文学部を受験して合格したのだが、「のちに定時制に学ぶ後輩たちは先生方にこう言われた。『桂枝雀を見習え。あの先輩は同じように勉強して神戸大学へ現役で入ったんやぞ』生徒の誰もが頭を抱えた」のだという。（因みに枝雀師匠は一九九九年四月一九日、自死）

同じ神戸市内のトップ校のうちの一つN高校を出て京大から東大の大学院へ進んだY子の例を紹介しよう。彼女は国立大K付属の小中学校を出ていたこともあり、公立のN高に馴染めず入学当初から「登校難渋」のため「六甲カウンセリング研究所」とご縁が出来て長いのだが、どういうわけか、私のところへ電話をするときは必ず「N高のY・Oです」、「京都大学のY・Oです」、「東京大学大学院のY・Oです」と所属名を必ず告げていたのを思い出す。

今では国立大学の教授、化学概論の講座を担当して活躍中だが、学校名や大学名をわざわざ言わなくてもこちらはとっくに分かっているのに、そうしないと気持ちが落ち着かなかったのだろう。

旧制中学の幻が今も息づく

彼女の出た県立N高では、K高校のような雰囲気はない。なぜなら戦前はK高校が「一中」でN高校が「三中」だったからである。

戦前の旧制中学ランキングが今でも尾を引いているのである。京都市の府立高校のように全てが総合選抜化してしまっていては、昔の旧制中学のランキング意識はまったくの壊滅状態、そういう意味では、神戸市は未だに旧制中学の亡霊が生き続けているといえる。

私は鳥取県立西高校に一年だけ在学し、足の膝関節炎で休学の後中退。翌年、京都市内の私立H高校に一年から通うことになったのだが、当時は、戦後の学制改革直後でもあり県立西高というより「鳥取一中」のままの校風であった。しかし半世紀以上を経た今日でもその傾向は否定できないのではないだろうか。K高までいかなくても体質は同じである。

その県立西高は、旧制の一中と県立女学校と、前に触れた学制の改革で一つになってしまった。面白いことに一中と女学校は板塀を隔てた地続きであった。昔の話では男子中学生が、その塀の穴から女学生たちを覗いて教師に叱られたのだという。

私の母がこの女学校に入学した時、その年、鳥取県気高郡の「鹿野町」という元城下町からたった一人の進学だった。町からは四キロメートル離れた最寄りの国鉄の駅へ人力車に乗って通ったとのこと。

旧制中学や女学校に進学率が一割もいかなかった頃の話である。

それでもこういった伝統高は昔を引きずっているのである。それも「名門校」であったという歴史を背負っていればなおさらである。

確か「江藤淳」の出身校日比谷も「都立の一中」であった。

いま一つ、東大といえば私立の進学校で有名なN高校から東大法学部を経て国家公務員総合職となっている長男のことを話す時の、某国立大教授の表情はほころびるのに、二年下の私大に通う次男のことに及ぶと、一瞬に強ばってしまう。当人は意識しなくても、何かそこに見てはならぬ学歴にまつわる父親の深層心理がくっきりと浮き彫りになるのであろう。

数年前の話になるのだが、ある準国立だが私立の医科大学へ特別講義ということで出かけたことがあった。正月も終わって、入試の頃である。「うちの息子、立命大を受けたんですよ。今は昔と違って難易度が高くなっているんですね。本命は東北大ですが、息子が滑り止めに受けるというので『それはいいけど東北大を落ちても必ず浪人して再度受験しろよ！』と言ったんです。それにしても先生の出身大学、最近は難しいですね」

こう話しかけた医科大の哲学担当教授。この時どんな思いでこんな話題を持ち出されたのであろうか。

K教授の出身大学は、九州大学文学部哲学専攻であった。

因みにこの医科大学の小論文問題で拙著『学歴の深層心理』の文中が引用され、課題の対象となったことがあった。

その時の問題を紹介しよう。


次の文章を読み、問に答えなさい。


現在どの大学のどんな学部が一番難関であるのか、と問えば、T大の理ⅢやK大の医学部ということになろう。

医学部でブームの昨今、大学名より医学部というだけで聞こえがいいのか、一流どころの高校のトップ連中は、まずここを狙う。

「難しい学部に挑戦!」ということで、変な自尊心を満足させるのであろうか。

実際の話、医学部に入って人助け、などと本気で考える若者がどれほどいるであろうか。言い過ぎかもしれないが、やはり一種の煽られた競争心からくる見栄が一番の動機のように私には思えて仕方ないのである。

もちろん医者だけではない。初めから高級官僚を決めてしまっている私立の受験高校生もかなり多い。

高三の前には既に模擬テストでT大合格は間違いない、と電子計算機がはじき出しているのである。だから、T大どころか、高級官僚の卵になったつもりの「政治研究」を高校で始めても、彼らにすれば少しもおかしくない。

確かにそうなのだが、それでも我々にはどうも釈然としない何かが残ってしまう。(井上敏明氏著『学歴の深層心理』の文による)

問一　上の文章の末尾の釈然としない何かについて、自分自身の見解を二〇〇字以内で述べなさい。

問二　問一での回答を踏まえて、君自身がなぜ本学を受験したか、その動機を、体験を交えながら具体的に六〇〇字以内で述べなさい。

大学試験の当日、ちょうどNHK大阪放送局のスタジオで全国向けの教育問題フォーラムに出演ということで、テレビの生放送直前のリハーサルの最中に、大学から「課題として借用したので」という連絡を電話でもらったのが印象的で、今も鮮明に覚えているのである。

医学界は出身校差が砦

ところで医科大学や医学部の独特な世界の中に渦巻く出身校差的学歴主義の閥的力動性は、誰もが認めざるを得ない現実状況だが、そのうごめきは、医学部内に限らず大学では日常茶飯事、どこも同じ構造なのである。ただ、医学界がとりわけて顕著であるといえよう。

例えばの話、神戸市内の中央市民病院の院長は歴代「京都大学医学部の高名な学者」である。いわば京大が主流でそれに大阪大、神戸大、その他と続くのである。このモデルは大阪圏内だと阪大が主流となる。

神戸の場合同じ市内でも、西市民病院になると「岡山大学系」となっていた。

一旦決まったこの閥は容易に変わることがない。

明石市に国立病院がある。ここは京都府立医科大学系といわれている。

縁あって医療関係の研修でよく病院に出かけるのだが、私の方もまず訪ねてしまうのが「ここの病院のドクターさんどこの大学?」である。

一事が万事で、高校や大学の名が出ると、ランキング意識、病院が出てくるとどこの医学部といった識別ならぬ認識の働きがオートマティックに脳内を駆け巡るのだから困ったものである。

私の主宰する六甲カウンセリング研究所のスタッフ・I部長の長男が「立命大の哲学科」でないと進学しないというので二年間浪人したのだが、この春三度目の失敗となった。

「息子はもう働くと言っているんです」父親の気落ちした話に思わず同情し、「ええ、立命大の哲学科ってそんなに難しいの」と聞くと、「二教科の受験だと難易度は早稲田の線なんですよ」とのこと。

哲学科卒のOBである私の方がびっくりである。

そこで改めてある予備校作成の難易度一覧を開いてみると、なんと「政策科学」だと慶應と同じ学部のランキングと同列。私大では全国一である。

受験科目の選び方で偏差値が変わるのも一見不思議だが、慶應と並んだとは、いかにも「時代」と思った次第である。

そこで長男君はどうしたのか。

「哲学だけに限るなら、近くの仏教系単科大学も伝統があるよ。教授陣も立派だし本当に哲学が好きなら大学院で立命館大を狙うのもいいんじゃない。そう息子さんに言ってみたら」と助言したところ、その内容を息子に書いてほしいとのこと。そこで一筆認めてのメッセージを持ち帰った父親、本人に手渡し読ませたところ、「わかった!」と返事。

早速受験し合格。親の心配をよそに一度も講義をさぼることなく通学しているのだという。「大学院受験で敗者復活したら?」といった一言が功を奏したようであった。

これが立命レベルでなく「東大」や「京大」や「国立大医学部」でなければと思い込んでいる浪人

諸君になると、その思いは簡単にほぐれようがない。

万年浪人とでも言っていいような、いつまでもランキングにこだわる「息子のことで相談」というケースは今も後を絶たないのが現状である。

「そこまで学力があるなら、どこそこだと十分に合格できるのでは―」といくら説得しても耳を貸さない浪人人生の一徹さは、ある種の「パラノイア（偏執病）」である。

どうしてそこまでこだわるのであろうか。まさに偏差値世間病に罹患しているのである。

といってそれを異常だとはねつけるほど違和感があるわけでなく、よく分かると同情感が募るというのが正直な思いではないだろうか。

それに学校に通う期間が長いものほど、この病気に侵されているといえる。

何故かというと学業を修める機関に身を置く限り、「評価・評定」がいつもついてまわり、各節目ごとの受験でいやがうえにもランキングを意識させられるからである。

原子力系学科は落ち目

今はかなり昔になってしまったが、住友金属系の子会社「ＪＣＯ」の工場内において「ウラン」操作の手違いが原因で「臨界」が起きたという。一億二〇〇〇万人の人間が恐怖を抱いた大事故の報道でジャーナリズムが大騒ぎしたことがあった。

燃料であるウランは全て原発で使用されるものである。

即ち「原子力」の科学の成果が前提となってなされている作業の一つのプロセスだが、その原子力系の学科は、東大の工学部では学生たちに人気がないのだという。

周知の東大理Ⅰの学生たちの「進振り」では、システム量子工学科（当時、旧原子力科学科）へ回される学生に偏差値コンプレックスが待っている。挫折感を味わうのだという。スウェーデンやデンマークは国民投票で原子力発電の将来性を憂い拒否している。

先進国ほど後退減少が目立つのに、わが日本は逆、政府は電力会社の増設を認めるどころか促進していただけに、この不祥事は手痛い打撃となったのであった。

それはそれとして、優秀な学生がシステム量子工学科を敬遠して、決まった学生が致し方なくでは、学生に敗北感が伴って当然である。これでは日本の原子力科学の先行きは細るばかりといえよう。

それにしても、東大の理Ⅰに合格しながらまだその先に「進振り」というランキング付けが待っているとはまことに皮肉である。

ここまでに至るとこの偏差値のこだわりは、今や日本人の業《ごう》といっても過言ではないのではないだろうか。

最近のことだが四人きょうだいの末っ子で高一女子生徒の不登校問題を学校から依頼され、両親と出会った時の会話を紹介したい。

家族の写真を見せてもらい、兄二人と姉の四人きょうだいだとわかったのだが、私が、「お姉さんはどうされましたか」と尋ねたところ、妹と同じ県立高校から「立命館大学文学部、日本歴史です」という返事だった。

「立命の日本史は昔から有名ですよね。お姉さんよく頑張られたのですね。じゃあお兄さんお二人はどうされたのですか」

「兄二人はN高です」

とのこと。東大合格者で全国トップを争うN高である。

「ええそうですか。なかなかよく出来られるんですね。それで、お二人の大学は?」と尋ねると、やや躊躇して、

「上は北海道大学で、下は神大」とのこと。

一瞬私の脳裏に浮かんだのは、「N高ではあまり―?」である。東大という返事が返ってくるものと思い込んでいたこちらの受け止め方の問題である。

そういえばあの時のご両親の表情、今になって複雑だった、と思えてくるのである。

最後に悲しいエピソードに触れておきたい。もうかなり前の話になるのだが、中学からN高へ六年過ごし卒業のあと、学業のペースが崩れ目標の東大とはランキングでかなり差のあるすぐ近くの私立K大学の経済学部に進んだ青年が、家から出るのが怖いといって親と同伴で相談に見えたことがあっ

た。

本人がK大生だと分かる制服を着ているわけでもないのに、世間の目が「お前はN高校を出て、何やK大か」と見下げているから外の目が気になり出られないという主訴であった。

その後精神科のK病院に通うことになるが、三年後、皮肉にも入院した病院の目の前にある溜め池で溺死したのであった。

ランキングに悩める青年の心、死が訪れるまで平安は来なかったのである。

偏差値を至上とする意識が彼を死に追いやったのであろう。

県立T高校の悲劇

もう大昔の事になるが、兵庫県立のT高校で女子生徒がH教諭によって閉められていた門扉に挟まれて死亡という事件が起き、テレビや新聞が競って報道となったことがあった。

遅刻常習者の数が常識を超えていたので、学校は定刻になると「門扉」を閉めることでケジメをつけ、生徒の自覚を促していたわけだが、とりわけH教諭の陰湿で執拗な指導が災いし、誤って生徒を自分の手で圧死させたのであった。

もちろん故意ではなく、教諭に殺意があろうはずはないわけで、「業務上過失致死」扱いとなっての取調べとなったわけだが、検事の調べもようやく終わった時、「何か言いたいことある?」の質問に、当のH教諭は次のような質問をしたという。

「検事さんはどこの大学の出身ですか？」検事が素直に答えたかどうかは定かでない。H教諭は続けて検事にこう言ったという。

「県立高校の校長といったら、出身大学はほとんどが国公立の名門校でしょう。私のように私大だと生徒指導で頑張らないと目立たないんですわ」

このエピソードは、当時のM新聞社神戸支局の記者が、H教諭の身内から聞いた話だといって、語ってくれたものである。彼は滋賀県のトップ校（京都大学に多く合格する）卒業生だが大学出身校コンプレックスを持っていたのであろうか。もしそうだとすれば、困難校へ着地し奮闘、巻き返しのため、あたかも落下傘兵のように大活躍。その自負心こそ「学歴コンプレックス」いや「出身校コンプレックス」の代償だったといえるのである。

その、H教諭の出身大学は関西の私学、法学部が昔から定評のK大学であった。皮肉にも、この県では知事の側近には彼の出身校、私立のK大学がおおいのである。それにしても、確かに歴史的には県立高校の学校長は、広島大をはじめ、国公立大出身者が占めていたことは事実である。H教諭の言い分も、それはそれなりに理屈が通っているといえる。

こういった序列意識は当然のこと、学校格差との相関的関係に比例し、教師の意識に東大、京大を頂点とした偏差値のこだわりがあるのだから、生徒との関わりでこういった序列を前面に出したところの感じ方・考え方が反映しないわけにいかないのである。

要は「偏差値」による序列意識がもたらすところの後遺症といえそうである。時刻通り登校するという動機づけとプライドの有無の相関が高いということだ。

そこで刻印づけられた意識の固着が、いまでも脳裡の底にこびりついていると、死ぬまでといえばオーバーかもしれないが、いつまでもこだわる、その一つの心の現象こそ、H教諭の発言ということになる。

この事件報道の後、高校の門扉の開閉が話題になっていたのであるが、A社の新聞の読者投稿欄に、「私の勤務する府立高校（トップ校）では、開校以来何十年も閉めたことがない」といった趣旨の話が載っていた。いわゆる名門のトップ校であるわけだが、T高校（問題校）との比較でこういった意見を表明するという、その意図が私には分からなかった。何故かというと、いわゆるトップ校では遅刻者が極めて少ないからである（投書の主は大阪府立のK高校教諭である）。

兵庫県立だと一番伝統のトップ校、K高校にはまず遅刻者はいない（私は一〇年近くスクールカウンセラーとして関わる）。この高校へ辿り着くのには、かなりの急斜面を登らなければならない。通称「地獄坂」とも言われている。

もちろんのこと、門扉はオープンのまま。T高校のように簡単に開閉が出来るようになっていない。それだけ古い校舎ともいえるのであるが、ともかく何十人、何百人も朝の登校でゾロゾロ遅刻するというような光景は、一〇〇%あり得ないのである。

とするとどうだろうか。行きたい高校と、仕方なく入学して行きたくない高校では、動機づけが違ってきて当たり前といえる。

かなり昔のことだが私が日本全国のどの高校よりも早く、というか「初」ともいえる専任のカウンセラーでキリスト教系の「Y学院高等学校」の教育相談室に勤めることになったのだが、この高校、当時遅刻にかけては県内ナンバーワンだった。

海抜二〇〇メートルレベルの頂上の平地に設立されて間もないため、予算上門扉を作っている余裕がなく、ゲート無きハイスクールであった。門扉開閉といった問題はないだけに、教師の負担は同じ偏差値の低い生徒たちとはいえ、教師はまだ楽であったものの、朝方ゾロゾロ山道を通って学校まで登ってくる足取りは、近くになるほどに重くなっていた、といえる。

バス停から曲がりくねった山道を二キロメートル近く歩かないと学校の建物は見えなかった。嫌な思いで歩けばなお、頂上は遠くなるわけである。そのような新設のS高校に、どこも行けなくなった息子のためにと出掛けていった親のエピソードを紹介したい。

母親の心を変えた校長のひと言

前の晩から降った雪のために、ぬかるみの山道を喘ぎ喘ぎ登り、四月から開校するという私立の新設高校の玄関前に、子どもの願書を持って辿り着いた母親の第一声が、「こんな山の上の遠いところ、通えますか？」であった。

学力不足もあって希望校の入学試験に失敗した長男の行き先を心配し、第二次テストを受けさせるべくやって来たものの、最寄りのＪＲ「Ｔ駅」からバスを降りてそれから一・八キロメートルの道のりを歩くうちに、一次で落ちたわが子の不甲斐なさや、情けなさがオーバーラップ、その腹立たしい思いを入試係にぶつけたのであろう。

「いやな保護者が来たものだ」と受け取られかねない状況なのだが、その憤懣やるかたないため息交じりの母親の声を耳にした校長が事務室の隣から顔を出し、まことに自然な対応で「あっ、奥さんが入学試験、お受けになるのですね」と声を掛けたのである。

一瞬、「この人、何を言っているのだろう？」と、その言葉の意を掴むことに戸惑った母親は、きょとんとした表情で校長の顔を見つめた。

しばらくして「ああそうか、通うのは息子、歩くのも息子、私がこの学校に来るわけではない。校長さんの発言が、自分に何か悟らせようとしているのだ」ということに気づいたのである。

小高い山中に建てられた新設高校だけに交通の便が悪いのは仕方ないとしても、受け止めようによっては、若者たちの足腰が鍛えられるといえるわけで、母親も「考えたら息子も十五才、あの子の身体だと、どういうこともないのに」と、腹立たしい思いで入学係に毒づいた自分が恥ずかしくなったのである。

そのことがきっかけで、この母親が子供の入学後、ユニークな「校長」と二人三脚。新しい高校のＰＴＡ活動で先頭を切って活躍。会長として二年間、息子の卒業後も何かと協力、名物女性会長としてＰＴＡの伝説的人物になったほどであった。

こういった母親の心理というか「こころ」というのを、深層心理的メカニズムでは「同一化」という。校長は、母親の子どもとの同一化心理現象を戒めるべく、また相手の「こころ」を傷つけないよう配慮して「お母さんがおいでになるのですね」とやんわり声を掛けたのである。

昔から「子どものケンカに親が出て」というのも、校長の意図した内容と同じといえる。昔はともかく、今、はたしてこの言葉は生かされているのであろうか。幼稚園時代から、塾通いの超過保護化の渦中に巻き込まれている若いお母さんたちの親子二人三脚は、救いようのないところまでエスカレートしているといってもおかしくないのが現状である。

親をこういう思いに至らせるその背景にあるものは、子どもに行かせたい「学校」のランキングである。仮に出来が悪くても「せめてあのレベルのところ」というのが親の本心であろう。

その意味では、やはり「こんな高校には行かせたくなかった」わけである。

ところが、そんな学校にユニークな校長がいて、その人物に惚れたことで、母親の心は軽くなったといえる。学校の評判はともかく、あのような校長さんがおいでなら、ぽっかり空いた心の隙間が埋まったのである。

同じように、ランキングはともかく、ミッション系で伝統のある女子高を狙うという手もある。「私の家はカトリック系なのであの学校にしたんです。」と、親の方は進学の理由づけで合理化するわけである。

偏差値コンプレックスから脱却する一つの方法、それは「置き換え」という自我防衛のスタイルである。

コンプレックスの脱却例

どこの大学にも、世間的に知名度の高いスタッフがいるものである。一番身近であるのは、その教授の名前を活用することだ。「ピラミッド」で有名な早大の吉村作治教授を知っていて、では早稲田とはいかないかもしれないが、あまり知られていない大学でも有名な教授がいると父兄や学生は助かるのである。

そういえばこの春、仏教系の大学で一〇〇〇メートルの山の上に建てられたK大学の哲学科を選んだ「不登校生」がいた。

中学校は無事三年間行けたが、小学校は四年間、、高校は二年間しか行けなかった。それでも私立だが全日制の普通科を卒業したA君、敗者復活を大学入学で果たそうとしたのである。

動機はしっかりしたものの、肝心の学力が追いつかない。教科も三つも重なると自信がなくなり、かといってあまりにも低いところではプライドが傷つくばかり、どうしたものかと思案の末に私のところへ相談に見えた両親に私が言ったのは、仏教系の大学、それも総合でなく伝統のある単科大学を選ばれたら、と勧めたのである。

「広辞苑」が大好きなA君、国語力は抜群である。考え方もダイナミックで世間離れしていて、人間の存在のこと、この世の末のこと、生きていることとの意味など、同じ年代の若者と比べ、まことにクラシックな世界に興味関心を抱いていることを活かし、それだとK大学がぴったりだと勧めたところ、すんなり受験、どの授業も真面目に受講しているとの報告をいただいた。その後、それぞれの講座の内容と教師の様子を書いて送ってくれた。その中の「哲学」の講義の感想はこうだ。

「いかにも哲学という学問にかかわっているといった細面と眼鏡をかけ、透き通った声の持ち主。いまプラトンのイデア論にこだわっているらしい。もっと哲学の色々なスタイルについて話してほしいと思うのに、あまり先に進まない。学生の学問への動機づけがもっと強くなるような授業展開にならないかと、こちらの方が焦燥感を抱いてしまう」

このA君にしては、なかなかよく出来た感想である。

小中高と学校生活を他と比べほとんど行ってないに等しいA君、講義は一度も休むことなく出ているのだという。

偏差値ランキングから外れた大学の劣等コンプレックスを乗り越えたのである。もちろん理屈というか、この世の存在や事象の根源に関心があるとか、物事をいつも理屈づけする言葉の作業に執着するといったA君自身の欲求が「哲学科」を専攻したことで満足しているともいえるのだが、それ以上にプライド高い彼の心を軽くしているのは、全国でも数少ない単科の仏教系大学に所属することで、カメレオンよろしく外に向けての装いの出来る現状が気に入っているのである。

父親が言うのに「最初はあんな大学？と言っていましたのに、今は違うんです。図書館が凄いとか、歴史があるよとか、中に入ると結構優秀な先生が（僧職を前提にした）いるよ」と。プライドの置き換えに成功したわけである。これがただ縦軸に並んだ上下の順位でしか測れない大学だと、T高校やS学院高校ではないが、在校・在学生と一緒になって落ち込んでしまうわけである。

ランキングの下位に属する高校や大学に身を置いていると思えば思うほど、拒否感情が働いて当然である。

高校は出ておかないと将来ダメと、いくら言われてもそんな学校に行かねばならぬ「現実」を受け入れるのには、かなりこころのやり繰りで手間が掛かるのである。となると、入学当初だけでも蹴っ飛ばしたい心情が、「遅刻」の常習となってごく当たり前なのではないか。

T高校しかりS学院高校も同じであった。それを物理的というか操作的に門扉を閉めることで「遅刻しない」人間になることを身体で強制しても、意識のレベルではそうはならないのではないか。となると、名門高校に勤務する教諭が「うちの高校ではそんなこと皆無なり」などと投書するというのは、まさに傲慢に等しいといえよう。

かくの如く、と言えばオーバーだが、成績上位の生徒の学校の教師も下位の教師も所詮は同じ穴のむじな。「出来る、出来ない」生徒がなぜ出現するのか、といった根拠を問わずして、選抜現象に目が奪われ、ひたすら「いい大学、悪い大学」の尺度だけで「あんな大学出たってしょうがないよ」と、そこにしか進めない子に面と向かって言葉を吐く、全く無神経な教師が学校にはごまんといるのである。

教師のこだわり

現に高校のランキングはT高校のH教諭ではないが、「校長」のランキングにつながっている。県の校長会会長はやはりトップ校である。定時制か通信制、全日制でも職業科の高校、普通校なら困難校の校長は、なんとなく低く見られているという現実は否めないのである。

校長のランキングが全てを語っていることの序列意識が、日本の高校生の偏差値感覚を煽っているといえるのではないか。これでは「出来ない子」に救いがない。大半の子どもたちは、こういった道程を通って大人になっていく。そのプロセスは結局のところ、「諦観」の道でもある。

最近学業が優秀なのに人を殺めるといった特異な犯罪が目立ってはいるものの、刑事事件で重罪を背負った殺人犯人だった人間のほとんどはやはり、学校生活でいうと学習不適応者である。

財務省や警察庁の困ったキャリアの刑事事件もないわけではないが、目の前の人間を殺すといった凶悪犯罪ではない。

全国の刑務所や少年院に収容されている人のその多くが、いわゆる学校の勉強からは疎遠となった者たちである。

ではこういうタイプの人間が、頭が悪いからそうなったとは言い切れないのであって、私は学校という教育環境下における、一方的で偏った「評価」の歪みや、学校で教えるような内容とは違った教育目標だと、十分に知恵や技法を身につけたかもしれないといった見方が出来ない偏狭さが、それにもプラスしたランキングの刻印づけが三つ巴になって、日本人一億二五〇〇万人の心に「コンプレックス」をプレゼントしてしまう、といえるのである。

学校や大学を出た後、人はそれの修正のための大奮闘時代を辿るのである。とりわけ、「空間把握推理能力」に優れた人間はラッキーである。

『話を聞かない男、地図が読めない女』の著者、ピーズ夫妻の言葉を借りよう。

「男は標的めがけてボールを打ち込む動きに、たまらない快感を覚える。だからゴルフ、フットボール、バスケットボール、テニスの選手は人気が高く、桁違いの金額を稼ぎ出せる。スピード、距離、角度、方向を正確に判断する能力さえあれば、学歴が無くても人々の尊敬を勝ち取れるのだ。」

野球選手や相撲取り、各種タレント、落語や漫才の芸人など、確かに「学歴」や「出身校」不問の職業の世界はあるにはある。間違いなく存在するにしても、日本人の人口の割合で占める率は、数えるほどしかないのである。多くの人間が傍観的に、自分はこのレベルと早くから自分に言い聞かせて、その場その場に適応することで、これでもまだましと下を見るという、やはりランキング意識を支えで生きているのである。消えることのない有名人のスキャンダルや凶悪な犯罪の報道に接しつつ、有名人にならなくてよかった、あんな悪い人間にまで堕ちないでよかったと、身の置き所を修正しつつ、コンプレックスが変に目覚めないよう、頭を撫でてうまく生きている庶民のバイタリティーは見上げたものである。とはいえ、もしも学校生活の中での評価が児童・生徒のＤＮＡともいうべき資質を前提にしての、単に比較というか相対的な尺度でなくて、その子にとってできたことを絶対評価するといった関わりの教師と子どもの教育的関係があるのなら、人はこれほどに偏差値に執着することはないのではないか。

今日まで百年一日のごとく続いている間違った知能観に基づいた学校教育評価のあり方こそ、日本人の学歴、出身校コンプレックス（それは優劣のいずれであっても）を固着化させている根本的病理ではないかと、「教育者」が気づくべきではないか。

人を上と下でしか見られない貧しい心の持ち主が、いかに精神的に貧困であるかを見分けることの出来る、そんな教育の場の設定が急がれているように思えてならないのである。

こういった「成績至上主義」の日本の学校を小学校・中学校・高校の一二年間を経て、さらに勝ち組・負け組と二分されてしまって、短大や大学進学となるのだが、少子化時代を迎えた現在、大学進学者が同年齢の五〇%を超える状況、誰でもランキングを無視してしまえばどこかに入れるほど、入学者数と募集人員は同レベルの数になってしまっているのである。

数でいえば、誰もが入れるこういった大学進学状況下にあっても、いやそうであればあるほど倍率は低いが、大学レベルをアップしようとする若者の心理が、さらに進学のための勉強にいそしむことを正当化されてしまうのである。

レベルを上げれば上げるほど、勉学の質も量もアップ、青少年へのストレスはかえって激化するのである。チャンスを多と見るのはいいが、勉学の労を多としても、誰もが「東大」というわけにはいかないのに、目指せと周りはハッパをかけるわけで、年代がどう変わろうとも、若者が成績、進学学習、テストに対しての極端な、いや過度な刺激を受けていることには変わらないところに、「無気力症候群」時代が続いているといえることが分かる。

心のしこりやこだわりといってしまえばきりはないのを分かった上で、「日本人特有」といった「特異」な対人関係上の心の病理は、周りに「気を遣う」ことを生きる知恵として幼少より体感し、自己主張を抑制するといった人格発達プロセスを通過してしまう仕組みにあるといえる。

本来、心のしこり、言うなれば「コンプレックス」に関して、一八九九年に『夢判断』を著し、精神分析学の創始者となったS・フロイトが提唱した汎性欲論は、近親相姦に端を発したものであった。性の欲求のこだわりとその歪んだ抑制が精神症の根拠とした考え方の枠組みは、後に続くA・アドラー、G・C・ユングから始まって、フロイト右派から左派にいたるまで、それぞれの学者の説は異なるにせよ、「抑圧」が病理を生む仕掛けは共通した理論の組み立てであった。

フロイトからスタートした精神分析派の学者の説は文献紹介から始まって、この一〇〇年以上にわたって溢れるほど登場したのであるが、即ち日本人だと誰もが了解し合える過度の「気配り」が、若者を「無気力」に追いやる代物であるということを考えるとき、それを見抜く説は皆無に近かったのではないだろうか。

第二章　門地から学歴へ

東大のある学部を一番で合格し卒業も主席だったという、国立大学教授を父親に持つ長男が「エリート校」に執着し神経症になった。

理由は、東大出身者以外は人間でない、と日頃口にする父親とは、それどころではない状況に身を置いているギャップからであった。

父親の人間評価の尺度は「少々変人でも、学問さえ出来るのであれば、それでいい」というものであった。息子は、父親の理想像に同一化しようとして挫折した。母親の話によると、この子は小学校六年の時、自分の小遣いで東大教授の肩書きを入れた自分の名刺を作り学友に配って歩いたという。今は、地方の国立大学すら合格できそうもない状況の中で、前途の希望を失い自殺宣言をしつつ、朝と夜が逆になった不登校の毎日である。

どうしてここまで追い詰められてしまうのであろうか。言ってみれば、いわゆる学校や大学の成績の良いことが、人間の価値を計る唯一の手掛かりであり、それしかない、という教育評価の偏見が産んだ悲劇と言えよう。そう言えば、二〇一九年六月一日、元農林水産事務次官だった、東京大学法学部出身の父親が無職の長男に手をかけ殺害した、という事件があった。不幸なことに、妹も自殺していたのである。きっと長男は東大を目指していたのであろう。偏差値６８－７４という高いレベルの私立男子校に在学し、挫折した経緯があったのである。両親は息子の東大合格を願っていたのであろう。

私は、現代の日本は、この成績の評価や出身校名意識が、潜在的身分意識と絡みつき、一億「学歴コンプレックス」時代の真っ只中にあるのではないかと言える。では一体、何故そこまで思い詰めるのか、私なりの考えを述べようと思う。

門地から学歴へ

一五八二年（天正四年）、戦国時代を自らの実力で生き抜き、文字通り日本の首領となった織田信長が死んだ。主人である信長の弔い合戦で勝利を手中にした秀吉は、この年、従三位権大納言の地位を獲得し信長に取って代わった。この官位は、日本の武将にとって最高位である征夷大将軍に相当する。

実力主義が前提になった戦国時代の中盤から終盤期に生きた信長と秀吉は、文字通りナンバーワンになると、自らの門地をいわゆる「借姓」によってでっち上げ「家系図」を書き換えたのである。信長は自分の家柄のルーツを「平氏」とし、秀吉は百姓のせがれであるため武将の門地と結びつけられなかったのか「藤原家」にそれを求め「関白」に就任した。だが後になって秀吉は百姓を嫌ったためこの「藤原姓」を脱ぎ新しい借姓「豊臣」を考え出し、朝廷に認めさせる、ということをやってのけたのだった。言うなら信長にしても、秀吉にしても、日本の首領にはなったものの、その首領にふさわしい「身分証明」というか「存在証明」が欲しかったのである。でないと心理的に落ち着かなかったのであろう。

その後家康によって徳川体制が確立し、一六〇〇年の前半から一八六七年徳川慶喜の大政奉還までの約二五〇年近く、日本のそれぞれの身分は士農工商的階級制度によって固定的となり変動することがなかった。言うなれば「諦め」の時代が続いたわけである。上を見、下を見ては自己の存在を安定させることはしても変動を考えることはタブー視されていた。だがよく考えてみると、変動の許されなかったこの時代だからこそ、逆に身分意識が無意識の世界に押し込められ、いわばコンプレックス化された、と言ってもよいのではないだろうか。諦めは、心理的には抑圧でもあるのだから。もし、こういった「身分」意識のプロセスを、人間の成長に例えるなら、変動の戦国時代は「新生児期」であり、徳川時代は「幼児期」となる。そして幕末から明治を「思春期」と対応させてみれば、「身分意識」の日本人的コンプレックスが、現代の学歴意識と何らかの関連でもって考えられるのではないだろうか。

ラプランシュとポンタリスの共著による『精神分析用語辞典』ではコンプレックスを次のように定義している。

「強い情動的価値を持ち、部分的にあるいは全体的に無意識に属す表象と記憶との組織化された総体、コンプレックスは幼児期の生活史の対人関係から構成される。それは感情、態度、適応的行動など、すべての心理学的水準の機能を構成する。」

即ち、徳川体制下のどうにも動きようのなかった「身分」への抑圧期そのものが、幼児期のコンプレックス形成期と見るなら、思春期以降我々日本人の意識の深いところに、現象形態はさまざまであっても、本質的に「身分」にこだわるある種の「心のしこり」が残っているのではないだろうか。慶喜の大政奉還は、下級武士と上級武士の入れ替えであり、その限りにおいて門地の変動を可能にしたわけだが、明治の階級制も本質的には徳川体制下とそれほどの変化は無かった。幕末において徳川体制を倒し、明治政府擁立に貢献したかつての身分の低い薩長を中心としたリーダーの多くが、華族の一員になるという変動はあったにしても、華族、士族、平民、そして新平民という身分体制は残留したままであった。

だが、こういった体制の間隙を縫うように登場したのが、近代社会発展に伴う知識階層、つまりホワイトカラー族の出現である。明治五年立身出世主義を前提にした人材育成のための学制発布の後、学校さえ出ておれば、生活の保障は間違いないという明治時代の風潮が、身分意識の中身を次第に学歴的なものに変えていったのである。しかし「身分」のコンプレックスが「学歴」のコンプレックスに転換されつつも、華族、士族、平民、新平民といった階級意識は根強く残り、昭和二十年の終戦まで、それは二重構造であったといえよう。

だから、たとえ「学歴」がなくても「俺は士族だ」という意識でもって、あるいはまだ「新平民」よりましという「平民」意識で、日本人の多くは情緒を安定させていたのである。

いわば、固定化した「身分意識」の外に流動化した「学歴意識」があって、どちらかに身を置きさえすれば何とか生きられたのである。

ということは、徳川時代に有無を言わさず刻印づけられていた階級的身分意識への反抗が明治でなされ、部分的に修正されたものの、先に挙げた二重構造的なものとして存続し、依然として身分のコンプレックスは氷解することなく、日本人の心に食い込んでいったと言えよう。

さて、太平洋戦争終結は新憲法の改正をもたらし、長年の「身分制度」が建前の上で解消した。誰もが等しく「公民」となり、それは「身分意識」をこの世より抹殺したかに見えた。だが、我々日本人の身分的なものにこだわる潜在意識、つまりコンプレックスは死ななかった。

確かに法的には根拠を失ったが、その隙間を序で、「学歴意識」を志向したのである。テストにさえ強ければ、誰でもが「東大」へ行けるという時代が来たのである。勿論戦前だって、どんな家柄の子弟でも能力さえあれば進学できたわけだが、実質的には旧制中学、旧制高校、帝大といったコースに乗れる者は能力とは別にある程度の社会的制約があった。「お前はたとえ成績がよくても、そんなところに行く『身分』ではない」といった暗黙の社会的ブレーキがあったことは否めない。

ところが、戦後はどうか。まことに「鮎の解禁」と同じである。誰にも干渉されず、受験勉強でいい点を取りさえすればどんな人間だって行けることになった。誰にでも大学が解放され、戦前、身分志向で束縛されていた親たちは競って「わが子をいい大学へ」行かすことでこれまで抑圧されていた身分コンプレックスの解消を考えたのである。

即ちあらかじめ決められた親の門地によって、子どもがこの世に出るのではなく、かくありたいというコースに乗りたいのなら何がなんでもエリート大学を出さえすればいい。大学のランク付けが、従来の「身分」のランクと同じようなもの、といった感覚として親が意識し始めたのである。

言うなら、大学はこの世へのパイプというか橋渡しであるというので、いよいよ成績にこだわる親が増大したといえよう。多くの親たちの子へ託す期待は、大学教授、司法官、弁護士、高級官僚、医師、大企業の管理職といった職業像である。だが、そうなるためにはエリート大学出身が必須になる。とりわけ、旧帝大系の大学だが、その中でも東京大学が錦の御旗的存在になっているとすれば、親たちがそこを目指す受験校や塾に血眼になっても無理からぬことである。エリート大学はこの世に出ていい地位に就くための手っ取り早いはしごなのだから。

いかにして人を蹴落としてでもそのはしごを登ることができるか、といった競争意欲は、いよいよ公教育に混乱を生じさせ、一方塾産業の拡大化し今も続いているのである。

学校名コンプレックス

最近の若者たちによる人間評価の基準は、すべて進学した大学のランク付けに比例するという。言うなれば、東大に誰もが行きたいということである。多くの大学受験生にとって、最大の願望が東京大学であるとするなら、東大生になり得たごく限られた人間を特別視するのも無理からぬことであろう。

テストの結果は時として偶然性の産物ということもあり得る。しかし、現代のような受験生を抱えての試験システムでは、そのような確率はほとんど考えられないと言っていいだろう。即ち、四流とランクされる大学にしか行けそうもないテストに弱い受験生が東大を受験しても合格の可能性は皆無なのだから。とすれば、やはり抽象思考能力のある人間だけが、その栄冠を獲得できることは考えられるが、そうでない者にとって、東大合格はあたかも、封建時代の門地の世襲制と同じで「諦める」より致し方なくなるのである。

世間は誰でもが、能力さえあれば東大や京大に進学できるという。その意味においてまことに平等で自由ではないか、ということになろう。だが、ここに落とし穴がある。つまり能力は平等ではない、ということだ。行きたいという意欲がいくらあっても、現行の体制では試験の結果が悪ければ不合格になる。この事実は、まことに自明の理なのだが、実はこれが問題なのだ。

戦前、誰もが望むからといって、絶対に華族にはなり得なかったし、徳川時代においていくら「町人で武芸が達者」であってもすぐに武士になれるわけではなかった。だから人々は身分相応に「分」を頭に入れて欲求不満をおこすことなく、現実肯定的に生きることを自らにおいて強いていたのである。あの人たちとは世界が違うということで片付けていたのであろう。ところが、こういった時代の世襲制は本人の意思と関係なく、蛙の子は蛙といった仕組みであったから、本人自身たとえ能力があると自負したとしてもそのことでフラストレーションが起こり神経症になるような、いわゆる「身分病」は出なかったのではないだろうか。

問題は「学歴病」がいよいよ顕在化している現代の日本の状況にある。つまり、現代は「諦めきれない」時代なのだ。金をいくら使ってでも何年浪人してでも、しかるべき大学に合格しなければ、といった悲壮な心理状態の「学歴病」患者があまりにも続出しているのである。筆者は、十八年間早稲田大学を受験し続けた万年浪人生とカウンセリングで出会ったことがある。

何故なら「彼」が東大に合格したのに「俺」が行けないということはない、というある種の平等思想がそこに強く根ざしているからである。しかし、何故にそこまで「こだわる」のか、いや、何故エリート大学でなければならないのか。学問を身につけるというのであれば、入れるところでいいではないか、といった正論を真に受ける受験生は少ない。彼らは何がなんでも「いい大学」でないと困るのである。就職のため?だけとは言い難い、何かそれ以上の、つまり「身分意識」にとってかわる彼らの自尊心を満足させようとする心の動きをそこに見てとることができる。

大昔、小学校四年生だった頃の私の娘の心情を紹介しよう。

教室で隣りの席のA君が、「僕のお父さん東大出やねん、エライんやでェ！」と誇らしく口にした時、娘は反射的に、「私のお父さんも立命の大学院出やでえ！」と、言い返そうとしたのだが、ふと「立命では東大と比べたら負けるわぁー」と思い、A君に向かって「そやねぇー、お父さんエライんやねぇー」と返事して、あとは知らん顔したというのである。どんな子も、子どもにとって父親は自慢の種である。強くてたくましいお父さん、優しいお父さん、何でも希望を叶えてくれるお父さん。子どもの側から見る限りどんな子もお父さんの優劣はあり得ない。ところが、こと「学歴」となると小学生の子ですらこういった優劣意識でもって人間を判断しているのである。

問題は、人間の能力に優劣があって当然なのだが、ペーパーテストにおいて高得点の取れる者がいわゆる「人間としても価値が高い」と思い込んでゆく現在の日本の社会状況である。個性の違いに対してよりも、ペーパーテストの優劣で人を計ってしまいやすい我々の意識こそ、「身分」意識の変形と見ていいのではないだろうか。

こういった偏見が、人間の病理現象を顕在化させるのである。国立大学の教師の意識の底には、基本的に旧帝大系の大学志向があると言われる。四十五年前、昭和五十三年度より実施された大学入試における共通一次試験というのも、一期校、二期校の心理的格差是正が狙いの一つだったと言われている。二期校コンプレックス、一期校でも旧帝大へのコンプレックスが学生だけではなく、実は大学教官自身にあったのだ。

国立大と私大ということになると、その意識は慶応・早稲田は別格としても、まことに大きいものと言わざるを得ない。たまたまそこに集まる学生群の能力の違いであるにすぎないのに、いわゆる「出来の悪い」学生でいっぱいの大学に籍があっても、あまり「誇り」にならないのか、教授たちはできるだけ脱出を考える。その意味で国立大学、それも旧帝大系の大学のポストを期待しつつ結局は獲得できなかった多くの学者人間のコンプレックスには、想像以上のものがあろう。そのために神経症やストレス症になったものの数は多数にのぼるのではないだろうか。

こういった感覚を「生命がけ」のように思い込む教授たち、定年後でもそれがついてまわる。神戸大学名誉教授の肩書きを持つA老先生、現在は関西のある私大の教授である。最近、さる公立の職員研修センターに講師として招かれた。このセンターでは講師の紹介として現職の肩書きを案内書に載せている習慣から、A先生が所属の私立女子大名を担当者が記入していたのである。ところが印刷物を持って挨拶に出かけた係の者が、この先生にこっぴどく叱られたという。理由は神戸大名誉教授だけでよかった、というA先生の言い分だったのである。現実にその私大から俸給を貰いながらでもこういったこだわりをもつこのA先生、まさに「学歴の深層心理」的働きがそこにあると推察しても誤りではないだろう。

小学生から老教授まで、日本人はまことに学歴にこだわる人間であると言っても過言ではない。

所詮は、現代の身分意識は学歴意識に置き換えられているのだが、この学歴意識というのは、ペーパーテスト優先主義に由来しているのである。

例を警察界や学校教育界にとれば、その実態がよく見えてくる。警察界は、文字通り命令を前提にしたタテ社会である。そしてこのタテ関係を維持する骨組こそ階級制であるのだが、その階級制を支えているのが、いわゆる昇進テストによる身分の細分化である。

日本の学歴社会の縮図がここにある。東大出身者を中心にしたひと握りのキャリアが警察官世界に君臨し、あたかもマフィアのボスたちのように支配する姿こそ、今に生き残っている階級社会の仕組みの典型であろう。

毎年一〇名そこその「国家公務員総合職試験」に合格したキャリアの卵が、希望する警察庁の面接を受け、挑戦し採用される。この卵達のスタートは「警部補」の階級である。

ところが、一般公募で合格した大卒では半年、高卒の場合は一年前後の警察官学校を終え、巡査になる。ここに大きな格差がある。つまり巡査より出発するか、警部補よりかの違いである。巡査、巡査部長、警部補、警部、警視、警視正、警視長、警視監といった身分体制の中で巡査から上へ登りつめることは、不可能である。例えば、一万三〇〇〇人規模だと、巡査から警視、警視正にまで昇進できる人の数はそれなりの数である（警視正で二十人程度）。

しかし、それが警視長はともかく警視監となると、まず皆無である。本部長（警視監）、警務部長（警視長）、刑事部長（警視長）の三人は必ずキャリア組である。時に警備部長がキャリアとノンキャリアの入れ替わりがある。但しノンキャリでも総務部長になることもあり、階級は警視長格になる。警察署でエラくなるため、上へあがるため、幹部になるためには、腕や人望だけでは駄目である。法文解釈を中心にした抽象思考能力を必要とするペーパーテストに合格しない限り、身分の上昇はあり得ないのである。（二〇二二年三月、五十九年ぶりに兵庫県警にノンキャリの刑事部長が誕生した。）

ということは、警察官の身分意識こそ、テストに合格するかしないかといった、ペーパーテスト至上主義的能力観によって構築されているのだといえよう。しかしこれは、何も警察官の世界だけではない。日本の教育環境こそ、これとまったく本質的に同じ状況を呈していると言えよう。

因みに、キャリアの全国本部長の学歴は以下のようになる。

二〇二一年度では、東大二九人、京大一〇人、一橋大二人、金沢大一人、早稲田大一人などで、東大卒が六六％になるのである。

抽象思考が「身分」を獲得させる

その時代に即応した「身分」を獲得できた人間の情緒は安定しやすく、反対に物にできなかった人間にとってその心の傷は大きい。

どれだけの仕事をし終えたか、問題ではない。どの大学に合格し卒業していたのか、で人間を計ろうとする気風が、この世に充満している。とすれば、親も子も、それだけの値打ちがある「学歴」を獲得しようと夢中になったとしても、これはやむを得ぬことと言えよう。しかも、塾経営者がこういった「学歴」に執着することにむき出しの親と子のアキレス腱を狙う。塾産業がますます繁栄するのも当然である。

だが、ここに深刻な問題というか落とし穴がある。誰しも欲しい「有名校」志向はいいとして、努力しさえすれば出来るという、迷信に踊らされた多くの無知な親子たちである。

警察官の世界でも毎年、ペーパーテストがある。例えば巡査部長テストで、すでに半数は落ち、何回受験しても受からないという者が出てくる。それが警部補、警部となればなおさらである。しかし、警察界では毎年誰にも、そのテストを強いているのである。殺人犯の取り調べで泥を吐かせたり、スピード違反者を白バイで追い詰めることはうまくても、テストは駄目といった技能派の警察官が多いのである。上司の心境として、テストに弱い部下が仕事熱心であればあるほど、同情と憐みの感を持たざるを得なくなろう。正直、彼なら幹部になってもやれると上司が期待すればするほど、テストを何度受けても受からない、という現実はまことに非情と言わざるを得ない。では何故、幹部志向のため努力したにもかかわらず、何度受けても不合格といった現象が起きるのであろうか。

ここに、ペーパーテストに強い人間とそうでない人間の違いがあるのである。心理学者の品川不二郎氏によると、小学校高学年生で成績のいい子というのは、抽象思考型であるという。

そのデータを紹介しよう。

調査対象児童　付属校と区立校（東京都）　年齢　九才―十二才

付属校（被験者一〇〇名）　一般校（五〇名）

抽象思考型＝六五名　三三名（六六％）

具象思考型＝　六名　二名（四％）

混合志向型＝二九名　一五名（三〇％）

学校で成績がよく、受験でいい点を取るというのはペーパーテストに強いということである。逆に、体育で抜群の技能を発揮し、図工では素晴らしい絵をかくことの出来る子でも、国語、算数が弱いと、やはり「出来ない子」として扱われてしまう。国語、算数を習得する際必要な「抽象思考能力」を生得的に素質として持っていないと、運動選手と同じで、いくら努力しても限界がある。

現に、小、中の九年間の評価「5、4レベル、3、2レベルは固着していて上下の変動は皆無である。

現代社会は、「抽象思考派」が得をしている。テストに受からなければ「秀才」と評されない社会だけに、中国で長年続いた「科挙」の如く、「受験」に強い人間は公認の優秀者としてラベリングされ、彼はこの世的「身分」を取得するのである。

一方、技能派、体力派の「具象思考派」はどこに生きる道があるのだろうか。「勉強は嫌いだったけど体力だけは人並み以上だったので、相撲界に飛び込んだ」という中学卒業者の多い関取集団こそ界は同じタイプの「技能派」たちの集まりといえよう。一般にスポーツ界は具象思考型の「体力派」で占められ、芸能界は同じタイプの「技能派」たちの集まりといえよう。

こういった二つのタイプでそれぞれの集団の現象を見ると面白い。つまり、現代社会の軍隊と警察組織では、一握りの高度な抽象思考的知能を持った参謀が、多くの体力派的技能派的具象思考型人間を支配しているのである。そして、どんなことがあっても参謀の抽象思考派は生き残り、逆に多数の具象思考派が死ぬのである。日本の陸海軍の姿を見れば、このことの事実は裏付けできよう。上官や指揮官は、つまり陸士や海兵に合格し卒業したのち、更に陸軍大や海軍大へ進んだ抽象思考型人間を指す。戦前は、この人達こそ、この世で偉い人間であった。この偉いというのは、官位を獲得することで、ある種の社会的「身分」を取得していたのだといえよう。だが、どんな高官も、そのコースに乗るには、ペーパーテストが前提であった。なかには、優秀な兵士が努力の末、上昇することの出来たものもいたのであろうが、所詮は下士官止まり、尉官まで登れるという人間の数はほんのわずかであった。

現在、日本の警察界も同じような仕組みがある。昇任テストはだめでも、経験から身につけた技能ではベテランの警察官が、上司の推薦で警部補まで行けるコースである。しかし、実質的には、その人たちが幹部職になれないのである。

ところで、このあたりでそれぞれの思考形態はどう違うのか、紹介しておきたい。

具象思考型	抽象思考型
具体的・行動的	抽象的・理論的
実践的・生活的	分析的・言語的
技術的・応用的	観念的・静止的
綜合性	原理性
右半球発達型	左半球発達型

こういった分類で見ると、現今の教育体制の中で仕分けされた高等学校群もはっきりしてくる。私なりに整理してみると次のようになる。

ペーパーテストに弱い生徒集団
○知能の型＝具象思考・非言語的知能
○反応の型＝心情的・現実的直観タイプ
○志向の型＝冒険・ロマン志向の行動派
○問題傾向＝怠学・衝動性・軽薄非行

ペーパーテストに強い生徒集団
○知能の型＝抽象思考・言語的知能
○反応の型＝論理的・分析的・合理的

○志向の型＝安全志向的不安先取り派
○問題傾向＝神経症・登校拒否・自殺

始めに触れた信長や秀吉が育った戦国時代では、文字通り具象思考派で直感型の武芸にも優れた男たちの未来は輝かしいものであった。理屈ではなく、戦いに強い体験側の回路を重視した時代であった。加藤清正、福島正則、山内一豊といった武将的直情型の人間が、日本の首領にはなれなくてもまだ支配層に食い込めたといってよいであろう。

ところが、ひとたび混乱から抜け出し、秩序の安定期を迎えると、この世は管理体制志向となる。当然、重要視されるのは、混乱期に活躍した具象思考派でなく、例えば豊臣家の幕僚であった、言うなれば高級官僚の石田三成や小西行長といった抽象思考派であった。

ところが、おもしろいことに、秀吉の正妻、北の政所と言われたおねねは、この具象思考派で心情型の武将たちを愛した。思慮遠望にかけては、ひと癖もふた癖もあった安全志向型の徳川家康は、石田三成や小西行長といった抽象思考派を嫌う北の政所と通じ、かの武将たちを手中に入れ、勝てないと予想された西方を結局は抑え込んでしまったのである。言うなら、徳川家康に操られた体験型の具象思考派と高級官僚型の抽象思考派の戦いであった、と見ていいのではないだろうか。

どんな時代でも変革期は、心情的に燃える人間が必要となる。しかし、変革が成し遂げられると、今度は、氷のように冷ややかな理屈派の人間が登場する。即ち、この世は、具象派人間と抽象派人間との絶えることのない戦いだ、とも言えよう。

不遇な具象思考

人間というのは、本来、疑い深いものである。おもしろいことに、この世で一番嫉妬心の強い人種は「坊主」と「芸者」だと言われるのもそのへんの事情が如実に表れていよう。

欲にはきりがないというが、我々は一つのものを獲得しても、その次の目標に色目を使う。まことに人間はたくましい。日本の首領になった、信長や秀吉、いや家康も含めてだが、己のコンプレックスのため平氏や藤原氏、そして源氏を借姓することで実力の内なるものに対し、名誉的な外なるものに執着したという事実こそ、この人間の欲の典型といえよう。しかし、三人のこういった借姓を笑っているわけにはいかない。何故なら我々自身の意識にも同じ心理的メカニズムの装置が仕組まれているからである。

人間の本能というべき「承認欲求」が、抽象思考型優先の教育体制内において問題現象を二分する。即ち、一つは学校教育環境からはみ出す具象思考派の非行、他殺であり、二つはその体制に適応しすぎる抽象思考派の神経症、自殺である。

つまり、日本の教育の流れというのは、「学歴」の身分を取得できる可能性のある者のコースとそうでない者のそれとが存在するということである。可能性があれば当然無理するであろう。逆になければ人生を捨てたようなものだから、居直るであろう。それはエリート大学生の問題と、偏差値の低い大学生との違いとも言えよう。（追記：日本の大学進学卒は五六・六％〔二〇二二年度〕である。しかしその分だけ縦関係の割り振りが複合すると言える。）

あるとき私が、いわゆるエリート校と称されるO教育大付属高校へ、講演に出かけたときのことである。構内に並んで入って行く母親たちの姿は「将来有名大学に行ける可能性のある学校に我が子が身を置いている」というプライドからだろうか、胸を張った、堂々たるものであった。こういった態度で付属高校へ出掛けたある母親、今度は、下の子の通う花の応援団風大学の付属校へ出掛けるときの姿は、まことに、みじめったらしいというか、屈辱的な思いなのだと、率直に語ってくれたものだった。

これは世間体というのであろうか。子どもの勉強の出来、不出来によってこうもこだわる親は「悪い」と簡単に言ってしまえるが、しかしこの心情こそ、現代社会に根づいている「身分」意識のバリエーションではないだろうか。家があり、金ができても、人はそれだけでは満足できないのである。「今度は！」「次は！」といった人間の欲が、結局「身分」の存在証明獲得へとエスカレートする。しかも可能性のある者ほど、その執着は募る。小学校、中学校で一番であれば、N中、N高でありN校は当然東大である。そして東大から先は？この一品コース的発想こそ、現代の「身分」獲得競争の典型的パターンと考えていいであろう。

おまけにこのコースを売り出す、塾経営者も多数続出しているのだから、どの親も金さえあれば買いたくなるのも当たり前である。彼らは子どもをそのコースに乗せることで、親自身の「身分」的コンプレックスを解消したいのである。こういったコースを売る塾経営者のいわゆる教育評論家への反論は至極明快である。

昔のエピソードである。「先生はエリートの大学を出ておられるから、そんな簡単なことを言っているんですよ、出ていない者にとって通じる言葉ではないですよ、結局この世では得することが分かっているんですから、親が親心で子どもをそのコースに乗せるのは当たり前と違いますか!?」。大先生方、こう言われると沈黙するしかない。「お前は得していて何を言っているのか」と責められるようで、返す言葉がないのであろう。

数学者のS教授が、大阪の猛烈受験塾で有名な塾に子どもを通わせている熱狂的母親たちにこう責められ、タジタジされていた場面がNHKの教育番組にあった。たしか、この時S教授にそういって突っ込んだ母親が逆に教授から質問を受けた。「おたくのご主人のご職業は?」一瞬たじろいだこの母親、仕方なく「職人です」と答えると同時にその表情は、先ほどの勢いとは打って変わってまことにみじめなものになっていた。

一体何が母親をしてそこまで狂気のごとく「学歴」にこだわらせるのか。エリート校のコースに乗らなければ幸せがないと思い込む親たちの心情であろうか。しかし、エリート校へ進学となると、あくまでもペーパーテスト中心の選抜によって合格者が決するわけだから、テストに強い抽象思考型知能の持ち主でなければ可能性がない。努力したからと言って誰でも「秀才」にはなれないのである。

ここに、人間の持つ能力の個性を尊重しようとしない、日本の教育界の問題が顕在化してくるのである。先ほども紹介した、抽象思考の生徒ほど成績優秀というデータは、逆に具象思考の生徒では駄目ということを我々に教えてくれることになる。

即ち、具象思考型人間の能力にふさわしい教材や評価に関して、教育界は何ら用意していない、ということである。抽象思考を前提にした、英、数、国、理といった主要教科さえ出来れば優秀であり、エリート校へ行けるという人間だけがちやほやされている現実は、テストの弱い具象思考的知能を持ち合わせている生徒への蔑視となる。いわば、彼らには未来がないのである。勉強の嫌いな子にとって、将来が保障されないが、灘校から東大に行けば絶対食いはぐれがなく、「身分」も保証されているという現実社会で、母親に説教は難しい。

ここに、この世の、いや我々自身の職業や人間の能力に対する偏見が、露呈しているのである。神経症治療を中心にした臨床心理の仕事に従事して思うのだが、近年、中高生の不登校生の相談が増加すると同時に、思春期病の子どもたちの親の職業のほとんどが医師や大学教授、教師、大会社のエリートサラリーマンで占められるようになってきている。

言うなれば、せっかく獲得した身分や名誉とその経済地位を子どもにも継がせたいとする親心が、子どもにハッパをかけることになるのであろう。S教授にかみついた母親と、子を思うことにおいて全く同じ心理である。そういえば、ある教育大の調査によれば、親のほとんどがわが子を裁判官、弁護士、高級官僚、医師、大学教授にさせたいと望んでいるという。年がら年中、蜘蛛の研究に没入している大学の教授と、日本家屋を立派に建築できる大工の棟梁と一体どちらがエライのであろうか。

これは、比較の出来ない問題である。質が違うのだから。つまり、優劣でもって比較できないのである。だが、出来ない筈であるのに、我々はそれをやっている。そこに、大工の仕事より蜘蛛の生体に関する研究の方が人間としてエライと評してしまう心理機制がある。

そういう意味で、私がこの世は「具象思考派」が不遇であるといった内容の講演をある教育大付属の中学でした時のことである。話の終わったあと、教授兼学校長であるA先生、「たしかに具象思考派の身体を張った職業の人に対する評価が悪いですね」と述懐しておられたが、今も脳裏に残るのである。そういえば、大工の棟梁で見事に腕を振るっておられる工務店主の奥さんが、こんなことを言っていた。「来年高校受験の息子に言って聞かせているんです、勉強せえへんのやったらお父さんみたいに大工になりや、それが嫌だったらもっと頑張りなさいゆうてますねん」

学歴コンプレックスと日本人

ユダヤ人の教えに、「他人より優れようとしないで、他人とは違った人間になれ」といった内容のものがある。

日本人にはまことに耳の痛い「言葉」である。何故なら「世間体」に脅迫されている我々の心理からおよそ縁遠い話だからである。日本人の心の深いところに潜んでいる「出征主義」こそ、「優れようとする」ことだけに専念する心理機制そのものである。幼いころから始まる近所の子より、クラスの子より他の学校の子より、誰よりも優れよと！追い立て飼育の結果、人間を優劣といった比較でしか見られない、日本人の未熟性こそ、変な身分意識を醸し出す土壌になっているのかもしれない。

そこには、「私は私」とする、自我の同一性というか、自己の確立がない。優等生ほど、この自我同一性が育ちにくいのも、「優れる」ことで余計「世間体」がのしかかるからであろう。

世間と言えば、太宰治の『人間失格』に次のような一節がある。

「世間とは、いったい、何のことでしょう。人間の複数でしょうか。どこに、その世間というものの実体があるのでしょう。けれども、何しろ、強く、厳しく、怖いものとばかり思ってこれまで生きてきたのですが、しかし、堀木にそう言われて、ふと、『世間というものは君じゃないか』
という言葉が舌の先まで出かかって、堀木を怒らせるのが嫌で、ひっこめました。
それは世間が許さない。

世間はない。あなたが許さないのでしょう。
そんなことをすると、世間からひどい目に遭うぞ。
世間じゃない。あなたでしょう。
いまに世間から葬られる。
世間じゃない。葬るのはあなたでしょう?」

言葉としてまことに曖昧なこの「世間」意識が、我々を強迫観念の世界に追いやるのである。「世間」を口にすることで相手に忠告を与えようとする人間自身が、実は「世間」的渦中にいるわけである。主人公の葉蔵が、ヒラメのような堀木の嫌悪に対し、内心で精一杯抵抗している心境は、まさに実体のない「世間体」で脅迫され続けている我々の深層心理と同じではないかと言いたくなる。

即ち、我々は「私」と言わないで「世間」がと主語を入れ替えることで「私」を引っ込めてしまうのである。ここに「私」の責任を回避しようとする日本人の心が潜んでいるのである。「私」を出すことが「出すぎた」ことと同一視される日本では「世間体」に合わすことこそ、この世を生きる上で楽だ、ということになる。

だが一方で、こういった「他者の目」への注視意識は、日本人独特のノイローゼと言われる「対人不安」を生む。「私」が「私」であってはならない深層心理が日本人をして「世間体」に合わせて生きることを覚えさせ、しかもこの指向性が我々を他者のまなざしの真っ只中に追いやり、そこでいよいよ承認欲求を燃焼させようとけしかけるのである。いい学校や大学に入らないと「格好悪い」という心理こそ、こういった「世間体」に通じるものであろう。どこの大学だって、本人がしっかりしておればいいじゃないか、といくら説いてみたところで、やはり、それでは「世間体」が許さないと万年浪人ほど思い込んでいるのである。(万年浪人と言えば「司法試験」を二〇回受け続けているがパスしない、という中年男がいた。東大願望と司法試験への熱い眼差しはよく似ているのである。)

実は、この「世間体」こそ、本人自身の深層心理なのだ、そこには、「自我同一性」の確立がない。こんな意識の若者たちが、「受験」にエネルギーを費やすうちに、青春は灰色のうちに通過して「私」に気づいた時、精神的にそれこそ「廃人」同様の人間が、いま日本に続出している。「名」にこだわり「実」を考えない受験生が、神経症や精神病になる。即ち「世間体」に巻き込まれるあまり「私」を喪失してしまっていると言える。

優劣意識の「世間体」の渦の中で生きる我々日本人に「他者への尊厳」とか、「他者」を受容するといった態度は育ちにくい。あるのは羨望、嫉妬、卑下、蔑視、居直り、尊大、といった上下を見ては暮らす古典的心情である。例えば日本の首相ほど悪く言われる役柄は他に無い。首相に限らない。表向きはともかく、比較的に業績のある立派な仕事をしていても、目立つ人ほど影では大変な批評をされているものである。嫉妬がそうさせるのであろうか。それとも己の承認欲求の飢餓の代償なのだろうか。

「私」が「私」であるという自我の確立が出来ないと、「他者」の存在も認めがたいのであろう。だから、「私」を否定しなければ自己を主張できない日本人の心象が、私的ではないところの、つまり「世間」が歴史的にあらかじめ容認したと思える、身分に執着したがるのも無理からぬことである。それが前にも触れた信長の平氏、秀吉の藤原、家康の源氏といった借姓行為心理の背景であるといえるのではなかろうか。

こういった世間的「名」にこだわる心情は当然現代でも生きている。毎年秋になれば、勲章のシーズンとなるが、金を出してでも買いたい人種の多いのを嘆いてみても始まらない。実は我々自身の心の底にそれがあるのだから。欲しいがデパートで買ったのではなく、天皇によって授かったものであり国から頂いたものというプロセスが、受賞者のプライドを満足させているのである。

それこそ、「世間」様からいただいたものであって、それは「世間」が認めてくれたものであるだけに「世間」注視の日本人にとってどれだけ「光栄」であるか受賞者の心情は想像以上のものがあろう。

さて、問題は「学歴意識」である。東京大学に合格した、というだけで、天下を取ったような気になるという、学生の気分の背後にあるものは、東大こそ「世間的公認」の最高峰だからである。太宰治の『人間失格』ではないが、それは「世間」がそう思うのでなく、合格者自身の「私」がいつのまにか「世間」に代わって、そう思わせているのである。

だが、一度獲得したこの最高の名誉は、本人の「独自性」や「私」的な存在性を奪ってしまう。「東大生だったら」「東大を出ているんだから」「東大卒でその程度だと」といった「世間体」がいよいよついてまわり拡大化する。東大出が安全志向とはいえ、就職先が大企業であり国家公務員、それも大蔵省や外務省に多いというのも、まさに、この「世間体」脅迫の延長と推察できよう。

ところで、この安全志向の裏返しが、日本人のことにインテリ族のことすら好む心情、つまり「遁世」的、「厭世」的気分である。彼らは禅の教えの中から欲のむなしさを知ろうとし、お茶の作法で一時自分の存在を凍結させ、俳句や短歌を通して、人生のむなしさを噛みしめようとする。いまでも西行法師、鴨長明、松尾芭蕉といった漂泊的文化人に対する人気が落ちないというのも、いわば、油ぎった承認欲求が消されないことでいつのまにかそのむなしさに気づいたインテリ中年男性たちのある郷愁というものであろう。

これは「世間体」を求め敗者となった人間の反動なのかもしれない。一方、身分の獲得など夢としか思えないインテリたちの獲得逃避への志向に対し、低学歴派はもっと現実的である。落語や漫才の笑いを考えるとすぐ分かる。彼らは、「遠い雲の上の人」でも、小便するときは同じ格好だろう?!と権威を引きずり降ろして自分たちと同格化しながら、結構「揶揄」して喜ぶというスタイルで不発の身分欲求の肩代わりをしているのである。庶民は「諧謔」的心情で自分たちの欲求の代償を埋めるのである。

この日本人の心性の傾向こそ、優劣意識から逃れる唯一の手段ということになる。このことは、東大生であり、東大出身であることを明かすと、そうでない相手は、「ヘェーこの人が東大生」ないしは「それで成程！」といったまことに偏った対応しかとれない心情とも関連する。ある東大法学部出の国家公務員総合職の警察官のエリートが「たしかに私たちは他の大学出身者と比べるといい条件を持っているかもしれないが、東大出は東大出で大変なんですよ」と私に語ってくれたことがあった。（警察界、都道府県の本部長の大学は、如何にも東京大学、四七都道府県の警察本部長の出身大学を調べると東大卒が二九人【約六二％】でした。【二〇二一年一一月二四日調べ】）

ところで、欲のない人間は生きられない。欲こそ人間の生命と言えよう。だが、この欲はどこに向けることが、本当の意味で人間の欲の成就なのであろうか。ただ優劣だけの差で欲を満たすだけでは、あまりにも単純である。私自身が真に私であろうとする「自我同一性」の確立の上に人生が構築されるのであれば、その時こそ我々の誰もが持っている「自己実現欲」も意味があろうが、誰かより優れているという承認欲求だけで生きる支えとするだけでは、この世の一度しかない「実存」もむなしいものになる。私は「私」が「私」を確立し、自律の中に人生の成就があると考える事が出来れば幸いである。そのためにも、ユダヤ人の考えではないが他者と自分との間の違いに目覚める分離と独立の意識こそ、「私」の実存がよみがえることの心理的作用について、深く追求することが、今こそ課せられた急務ではないかと思うのである。

年々増加しつつある「思春期病」のほとんどは、日本人の優劣意識の歪みがもたらすものである。

真の人間の尊厳を可能にするためにも、日本人の学歴意識の解明が求められよう。

私の専門は今も、思春期前後の悩める若者たちへの心理治療である。多くの青少年たちに近年接して思うことは、ほとんどの者が教育課程の中で心理的に圧迫され、痛めつけられている、ということである。

彼らは、「勉強しておかないと将来損だ」、「いい学校に入っておかなければ、いい生活ができない」といった脅迫の中で身をさらすうちに、「俺はだめ」という先取りでその価値観にこだわり前途を悲観して神経症になるか、居直って非行に走るか、するのである。

問題の子が、意志薄弱で努力不足だからそうなるのではない。ある意味では彼らこそ、この世と生真面目に対決したからこそ、大波に飲まれてしまったのである。責められるべきは、この大波のルーツを仕掛けた犯人であろう。

ではこの犯人は一体、何者か、それは、我々人間の業とも言うべき、承認欲求がいつまでもつかんで離さない「身分意識」である。

私が明確にしたかったことは、次の諸点であった。

一　日本人の「身分」のこだわり

二　「身分」内容の変化

三　現代の「身分」観

四　知能構造と「身分獲得」
五　学歴のこだわり
六　日本人の「私」という自己同一性の未熟性
七　現代人の病理に「学歴コンプレックス」のあること
八　学歴の深層心理の解明の急務

フロイトが、当時、ウィーンの人たちの神経症理解のため「性」のコンプレックスを考え出したように、日本人の問題は「甘え」論や「母性社会」論的考察では不十分で、今こそ「学歴のコンプレックス」を考えるといった、臨床心理的アプローチによってでなければ、解明されないのではないだろうか。

こういった観点からの高度な分析と論理の展開が、待たれてならない。

第三章　中学生・高校生の発達障害

全国から不登校系の高校生を多数受け入れ、ユニークな教育で定評のある大分県の私立T高等学校H学校長の話しである。

「内申書の中身が時代と共に変わるんですね。『学習障害』が脚光を浴びますと、どの中学・高校も流行のように『ＬＤ』と記入、それが教育界や世間で『注意欠陥多動性障害』が評判になると、今度は送られてくる内申書に『ＡＤＨＤ』の記載がどーと増えるんです。今はそれが『アスペルガー障害』に早替わり。この調子でいくと次は『人格障害』、それも『多重性人格障害』といった凄い病名が内申書の中にも堂々と盛り込まれるようになるのでは……」。（注　LD：learning disorder, ADHD：attention-deficit/hyperactivity disorder)

しかも、入学した生徒の中には生徒によっては「ぼくはＡＤＨＤや」と威張っているのもいたりするのだという。

H校長ではないが、中学・高校の成長発達の段階で、早々と診断をつけてしまっていいものだろうか、と思いたくなる昨今なのである。

中国地方はS県の話である。県下の名門S高等学校一年生A君が「不登校」状態に陥った。

一人っ子のA君は、素直だが少し変わった秀才型の優等生、小学・中学とも成績は一番、高校は国公立大の合格者の多いので評判の県立M高校に進学した。

高校は東大合格間違いないといえる優秀な生徒が入ってきたというので、A君の学習振りに注目した。ところが、いわゆる勤勉型のいかにも模範型優等生といった風はなく、教室ではノートも取らないでじっと教師を見詰めているといった生徒に先生方は戸惑った。これでは思ったほど伸びないのではと噂しているうちに、「登校難渋」から「不登校」状態となっていった。異才型の出来る子にこういうタイプが結構多いのである。作家のなだいなだ氏も、教室では一切ノートは取らなかったという。

S校の教師は、一見頭の良いことをかさに着る怠け者とみたのであろう。先生方の彼に対する注視の熱が冷めるとともに休みが多くなり、このペースだと二年の進級も危ないのではと思われた。しかし期末テスト結果は学年でトップ、これには教師陣もびっくりであった。そこへもってきて内規だと、医師の診断書さえあれば全体の三分の一までは勘案してよいことになっているのを知っている親が、A君を心療内科系の医院へ連れて行き診断書を作って貰い学校に提出したのである。ところがその書面には「アスペルガー障害」と記載されていたのであった。

診断書に目を通した担任は「アスペルガー障害」なんて聞いたことがないと驚き学年会へ通報。更には職員間でも話題となり、専門家の意見を聞く必要ありと校長から要請を受けた担任が県の教育委員会所属の相談センターに問い合わせたのである。返答は、「アスペルガー障害は危ないから気を付けた方がいい」という内容であった。そこで急遽「対策のために」臨時職員会議が招集されたのだという。

専門家の助言は、対応に気を付けること、とりわけ言葉のやり取りで当人が怨念化するようなことのないよう、また直接に関わるさい当人が切れないよう言葉遣いなど配慮することなどの注意事項だったという。

近畿圏内の私立女子学院の中高一貫校S学院中学に、愛知県方面から転学してきた中一のB子さん、知能テストが学年でトップ、成績もさして勉強しているようでもないのに同じく一番。しかしクラス内で言動は逸脱の域に達していて、周りの子たちには迷惑を掛けっ放しの毎日、とりわけ気分変易が激しく保健室に入り浸り、自分の思うようにならないと養護教諭へ暴力を加えるといった女子学院始まって以来の才媛ならぬ異才ともいうべきB子さんの対応に学校は戸惑ってしまった。

在籍していた私立中学の転学照合には「注意欠陥行動障害」と載っているが、薬物治療が功を奏しているので通学には何の支障なしとあり、S女子学院は学力の高さを評価し転学させたものの、日々の学校生活で教師たちが大変なので、親にこちらの医療機関でも診て貰うよう勧めたところ、国立K病院の小児科医師は「アスペルガー障害」だからこれまでの処方薬だった塩酸メチルフェニデート系の「リタリン」は不要と診断した。

診る医師によって「注意欠陥行動障害」から一転して「アスペルガー障害」、しかも薬不要とのこと。

この診断の結果で気を強くした親は、「娘が学校で問題を起こすのは、全て教師の側の指導不足や同級生のいじめにあり」と訴え、学校でそれ相応の指導が出来なければ、外のしかるべき機関に提訴するとまで言い出したため、校長・理事等がその対応に苦慮、教師たちは「アスペルガー障害」と診断されている生徒とのかかわりに戸惑い、一方多くの生徒たちも彼女に気を配らなければならず学校は混乱状態となってしまった。

やはり関西での名門女子学園K中学校で二学期の中間頃、一年の生徒同士間で所持品の万引き事件が続出した。そこで「犯人探し」に乗り出した指導担当の教諭が、C子さんを呼び出して「君は真面目で絶対そういうことをする子ではないから聞くのだが、それらしき生徒を知っていない？疑わしい子の名前を挙げてくれないか？」と生徒指導室で尋ねたのである。

一人っ子で人を疑うことを知らない純なC子さん、教師の聞き込み(？)にびっくり、「何も知らない」と答えたものの一連の万引きを仕切っていたと思われる同級生のPが、C子一人を教師が指導室に連れて行き自分たちの動向を探られた際、「何かそれらしきことを言ったのでは？」とその後、彼女の率いるグループがC子をマークするようになったのである。

何事にも過敏で対人関係にナーバスなC子、これまでと違ったまわりの自分に対する反応を、ある種の心理的圧と感じるようになり、日々の学校生活でストレスを抱え込むうちに、教室にいることとすら息苦しくなり、まわりの目を恐れるあまり次第に登校難渋が始まるのである。

指導担当教師の対応が未熟ということも手伝い、「C子がチクッタ！」とクラス間で飛び交うようになってしまった。これでは教師と悪たちとの板挟み、行きづらくなって当然である。しかし、その苦しさを親にも教師にも吐き出すことをしなかったからか、その後半月もしないうちに「不登校」となってしまった。

せっかくの名門女子中学へ進学したのにと、親は悔しがったものの、「行けないものは行けない」と割り切り、地元の公立中学校へ二年の初めから本人も承諾したこともあり、転学を決め手続きをしたのである。ところが新しい学校に通い始めて一週間目、彼女は校舎の二階から飛び降りた、のだった。幸い生命に支障はなかったものの脊椎損傷で四ヶ月、病床で固定されたままとなってしまった。後で親が教師から聞いて知ったことだが、彼女が上から落下して意識が戻った時、驚いて駆けつけた教師に発した言葉は「皆はどう言っていた？」と。救急病院の外科医はその辺りの事情を勘案し、これからのことも考えないといけないからと、「精神科」への診察を親に促したのである。

少し落ち着いた時期を見計らい、C子は親に連れられて精神科に出掛け診察して貰うのだが、診断名は「境界性人格障害」。まだ中学二年生という早い時期であるのに、K女医ははっきり「人格障害」と断定し投薬を強く勧めたのである。

親の一番の危惧は、抗精神病薬で劇薬とされる二種類の薬の「副作用」であった。しかも、未だ中学二年であるというのに「人格障害」という診断に対して、そんなに早くから診断名をつけていいのか、という心境であった。

中三の女子中学生E子は、教育大学系の准教授で某精神科医院に非常勤として診療に携わっているT医師に「多重性人格障害」と診断され、「SSRI（選択的セロトニン再取り込み阻害剤）」系の抗精神病薬を服用している。

発症のきっかけは同じクラスの男子生徒六人に自宅で集団レイプを受けたための心的外傷後ストレス障害といえるものであった。初回の診察だけで医師から「多重性人格障害」と診断名を告知された親はショックを受けるのだが、日に三回ぐらい人格が変わると説明された医師の話に、どうしたものかと相談にみえたのである。

変身の前兆は、何時も「激しい頭痛」に襲われてから、とのことであった。診察に行った精神科医は「多重性人格障害」であると断言したという。症状と「人格障害」が必ずしも重なるとは言い難い。親は医師の診断に狼狽しての話であった。

ところで、東京は名門私立のW大学大学院理系（前期博士課程）のある学科を修了したJ青年が、私の主宰するカウンセリング研究所に電話をしてきた。筆者に報告したいことがあるのだという。

早速受話器を取ると「I社の研究所で働くことにしました。博士課程の後期の進学とどちらにしようか迷いましたが、教育機関の圧はもういいと考えたのです。僕のオリジナリティをI社は認めてくれましたので―。」J男は数学の才能の持ち主、中学生時代すでに「数検一級」を取得していた。彼は進学校では有名な私立N高校を受験したのだが数学は満点、しかし国語の点が不足していて、合格点に限りなく近い僅差で落ちたというエピソードの持ち主であった。

そこで私立の中堅進学校M高校を選んだ。こういう二番手の「受験高校」は生徒の学習能力の個性を無視して、やたらと国公立それもところかまわず医療系を生徒に狙わせるところがあり、J男のように特異な才を持つ生徒ほど追い詰められていくのである。

近畿でも「毎日がテスト」で有名な、体育祭も文化祭もない私立の六年一貫校のK校などその典型だが、学校側が生徒にハッパを掛けるエネルギー量に反し、意外とその受験成果は上がっていない。知能の個性を無視した、あれもこれもの押し付け教育が生徒の学習意欲を高学年になるほど萎えさせてしまうのであろう。

J男の入学したM高校もそうだ。「数学は出来るのだからもうするな!その時間を他の科目にまわせ!」こういった教師の指導に耳を貸さないマイペースタイプのJ男、先生たちの風当たりが強くそれが災いしたのか、精神症状も出るようになってしまった。J男にはそれが「PTSD」化していたのである。

アスペルガー系の風変わりな性格も、まわりとの間の障害となったのであろう。二年生の二学期の中間あたりでダウン。精神科医の校医から「分裂病型人格障害」とレッテルを貼られてしまったのである。

私がJ男のカウンセリングを引き受けたのは、学校に行けないという主訴にあった。私がみる限り、M高校の偏った進学校的校風に馴染めないから、そのストレスで学校へ行けないだけのこと。そこから遮断するのが「特効薬」と退学を勧めたのである。「大学入学資格検定」（現在は「高等学校卒業程度認定試験」へと移行）を受けて受験資格を取得した後、私立大の数学科の受験を勧め、その方向で無事合格、大学生になったことでJ男の精神状態は元に戻ったのである。

大学・大学院ともに順調、成績もトップ。就職ではI社がJ男の将来性を高く評価したのであった。もしもM高校に親も子も執着していたら、今は病院生活を余儀なくされていたのかもしれない。そう思うと空恐ろしくなる、そんな思いをしながらJ男の電話を聞いていたのであった。

やはりJ男のようにN中は間違いないと塾で烙印を押されていたP男が受験に失敗。よもや落ちるなど思いもよらなかっただけでなく、悪いことに同じ塾に通っていたP男よりレベルの低い子が合格したこともありP男のショックは大きく、PTSD（心的外傷あとストレス障害）を背負い込むのである。しかも慌てて一・五次の試験で入った私立H中学が悪かった。スパルタ方式が伝統の校風が災いし、教師の頭から怒鳴りつける対応が追い討ちとなり、精神的失調状態となったのである。気分の変易の激しい息子の様子にたえられなくなり、母親は息子を精神科に連れて行ったのはいいのだが、まだ中学一年というのに医師の薬の処方はあまりにも多すぎた。

投薬一覧表

	薬品名	処方量	効能
朝夕	リーマス	100mg錠・2T	情動安定
	トレドミン	25mg錠・2T	抗うつ作用
	インプロメン	1mg	強力安定剤
	アキネトン	2mg	副作用止め
寝る前	ウインタミン	50mg錠・1T	強力安定剤
	デパス	3mg	抗不安
	ロヒプノール	2mg錠・2T	睡眠導入
	アタラックスP	20mg	抗不安

朝　　エバステル　　1T　　抗アレルギー

本人曰く、「あの中学校に行くようになって、それにあの精神科に通うようになってから、本当に僕は可笑しくなった」と呟いたP男の言葉、今も私の耳から離れない。

それにしても若年のP男に何故、これほどまでの向精神薬を医師は服用させようとしたのか。ストレスそのもののこの学校をまず遮断させることが真の治療ではないのか。

「おしっこが出にくいのは薬のせいですか、と診察で先生に尋ねたら、うちでは副作用の出る薬は一切出してないよと言われ、やはり僕の身体が変なんだと思ってしまったのです。」服薬のため口の渇きで喋り難いのを我慢しながら話してくれたP男の言葉であった。

因みに副作用なるもの、P男服用のそれぞれの薬に関して公表されている内容の一覧表を紹介しておこう。

副作用一覧表

抗不安薬類（デパス、アタラックスなど）

1　依存生

2　アナフィラキシー様症状
3　精神神経：精神障害者で刺激興奮・錯乱、眠気、ふらつき、眩暈、歩行失調、頭痛、言語障害、振戦、失神、多幸症、興奮、不安、見当識障害、意識障害、幻覚、せん妄、もうろう状態、不機嫌、不快感
4　血液：顆粒球減少、白血球減少、貧血
5　消化器
6　過敏症
7　呼吸器：呼吸抑制、炭酸ガスナルコーシス、舌根沈下
8　循環器：動悸、頻脈、徐脈、血圧低下、立ちくらみ
9　肝臓：黄疸、GOT・GPT・γ－GTP・ALP・LDHの上昇
10　腎臓：BUN上昇、蛋白尿
11　眼症状（霧視、複視）、倦怠感、脱力感、浮腫、尿失禁、排尿困難、発汗、鼻閉

抗精神病薬類（インプロメン、ウインタミン、リーマスなど）
1　突然死（血圧低下、心電図変化）
2　悪性症候群

3 精神神経：不眠、神経過敏、錯乱、眠気、傾眠、眩暈、頭痛、不安、興奮、無力症、幻覚、悪夢、振戦、ふらつき、痙攣、性欲異常、抑うつ、知覚変容発作、知覚異常、脱力、倦怠感、自殺企図、せん妄、焦燥感、イライラ感、躁状態

4 錐体外路症状：過発性ジスキネジア（長期投与により口周囲ぶ不随意運動、四肢の不随意運動）、ジスキネジア、パーキンソン症候群、ジストニア、アカシジア

5 血液：無顆粒球症、再生不良性貧血、溶血性貧血、貧血、白血球減少

6 消化器：麻痺性イレウス

7 過敏症

8 呼吸器：呼吸困難、喉頭れん縮

9 循環器：心室性頻拍、動悸、頻脈、徐脈、不整脈、血圧低下、起立性低血圧、心疾患悪化

10 肝臓：黄疸、肝障害

11 内分泌系：抗利尿ホルモン不適合分泌症候群、体重増加、体重減少、月経異常、女性化乳房、乳汁分泌、高プロラクチン、インポテンス、射精不能

12 紋筋触解症、ＳＬＥ様症状、長期・大量投与により眼障害、倦怠感、発作、発汗、顔面紅潮、鼻閉、浮腫、尿失禁、排尿困難、頻尿、体温調節障害

抗うつ薬類（トレドミン）

1　悪性症候群

2　精神神経：痙攣、精神錯乱、幻覚、せん妄、運動失調、構音障害、四肢知覚異常、不眠、不安、焦燥、眠気、性欲減退・亢進、眩暈、頭痛、パーキンソン病状、長期投与により口周囲部不随意運動

3　血液：無顆粒球症、骨髄抑制、白血球減少、血小板減少、好酸球増加

4　消化器：麻痺性イレウス

5　過敏症

6　呼吸器：アレルギー性肺炎

7　循環器：心室性頻拍、心筋梗塞、心不全、動悸、頻脈、不整脈、心電図異常、血圧低下、血圧上昇、心ブロック、心発作、起立性低血圧

8　肝臓：黄疸、GOT・GPT・γ－GTP・ALPの上昇

9　抗利尿ホルモン不適合分泌症候群

10　抗コリン作用：口渇、排尿困難、目内圧亢進、視調整障害、便秘

11　顔・下部の浮腫、ふらつき、倦怠感、発汗

抗ヒスタミン薬類（エバステル）

1　悪性症候群
2　依存性
3　精神神経：精神錯乱、幻覚、せん妄、妄想、失神、錯乱、見当識障害、神経過敏、興奮、眩暈、運動失調、気分高揚、多幸症
4　消化器
5　過敏症
6　循環器：動悸、不整脈、血圧低下、血圧上昇
7　肝臓：肝障害、GOT・GPT・γ-GTP・ALP・LDH・総ビリルビンの上昇
8　眼：緑内障、調節障害、散瞳
9　大量投与でパーキンソン症状の増悪
10　尿困難、尿閉、浮腫

ところで、J男とP男のパーソナリティの特徴は、いわゆる「アスペルガー系」である。

超秀才たちの小集団とか、進学塾のハイレベルなクラス、そういった神童連の集う場だと適応しや

すいのだが、スパルタ方式で画一された上からの圧というか、脅迫的なパワーで追い詰める校風の二番手進学校に、受験を失敗したから仕方なく入学するとその後遺症が大変である。

もともと危なかしい人格的特異性のマイナス要因が足枷となり、そのような校風の渦に巻き込まれると、心の病の世界に引きずり込まれやすいのである。

学校の校風に馴染めないことからくる負因がストレスとなって、「生体」の機能を脅かすわけだが、もしもよく似た（それが仮に特異性と判断されようとも）人間の集団の中だと違和感情も少なくまずは適応し、六年間を無事に過ごすこととなる。

ここでその辺りの学校差の違いに関して、読者諸賢に分かって貰えやすいエピソードを紹介したい。

阪神間内に所在する女子中高校の学校長S女史が昨年の晩秋の頃、夕方近く阪急電車「西宮北口駅」から「梅田駅」方面へ行く普通電車に、私立中一年生と思える男の子二人と乗り合わせた時、次のような会話を耳にして、これまで学校の校風のことで腑に落ちないでいた疑問が解けたという。

車中で、私立の男子校R中学とN中学の二人が交わした会話は次のようであった。

「お前のところの学校はどうや?オレのところなぁ、クラスに変なのが何人かいるぜぇ!あの学校に入ってみてびっくりしたわ!」

「ふーん、何人かっていう感じか。オレのところは違うで、一杯いるわ!」

兵庫県下の私立の名門男子校は阪神間に集中している。

大量の東大合格者を輩出しているN中生の知能レベルは指数で一四〇以上と言われている。N中を始めとする私立の名門の男子校を偏差値順に五校絞ると、N中・K中・R中・K中・K中となる。今は元運動で有名だった私立女子学園S校が二番手に食い込んだ異変である。

合否はペーパーテストで決まるわけだが、進学しようとする小さな戦士たちは、自分のレベルを念頭において受ける学校を決めている。五番手を受ける小学生がN中など対象としていない。塾の成績ランキングで、とっくに「オレはどの辺り」と知っているからである。

さて先の会話で始めに声を掛けているのは、三番手のR中生、応えているのはトップのN中生である。知能レベルを推測すると、前者が平均値一三〇前後とすれば、後者は一五〇となる。「何人か変なのがいる」といったR中に較べ、N中になるとそれが「一杯いるわ」に変わる。

たかだか中学生の会話、他愛無いようだが、しかし私たちのような心理臨床の場合に身を置く人間には「的を射ている」と、中学生の勘の良さに感心してしまうのである。

では彼のいう「変」とは、どういう人間を指すのか。

私はその対象群を「アスペルガー系」の高知能保持者と判断している。(『天才の秘密』監訳:井上敏明　世界思想社)

この種の人間は、群れる集団の中で生きるのが難しい。独自の心的世界に固執しやすいので、ごく普通の子どもの意識の流れから逸しやすい行動パターンが「変」と映るのであろう。

集団と同じ流れに沿えない独自の個性が、時に災いとなり「対人関係上の行き違い」を起こし、それがストレス化する時、主として「不登校」を触発するのである。私が学校に出す心理診断書で「対人関係気疲れ症」とする事例の大半はアスペルガー系であるといえる。対人関係でスムーズに行かないのである。

先に触れた女子中高の学校長が苦笑いしたというのは、もともとレベルの高い学校にいて不登校となり編入して入ってきた、いわゆる才媛風の女子中高生の対人関係のつまずきを自校で多く見てきていたからである。こういう知能の高い子ほど、まわりの目からは「変」と映るのである。

それ故、知能は高く学習能力はあるが、性格に偏り傾向ありの場合（少々変わり者であるように見られているとして）高いレベル集団に身を置く方が、生きていきやすいといえるのではないか。

小学校時代、勉強はとび抜けてよく出来るが、集団に馴染めず時にまわりからいじめられやすいというので、親が学校に抗議するという場合、ベテラン教師ほど「今は仕方ないとして、中学校からはN中辺りに進学されたらいじめられなくてすみますよ」と直言する。まさに正解といえよう。

現に長年私が携わってきた心理臨床では、高知能でやや自閉的な自己の世界が優先し、まわりと不具合を起こす児童・生徒の「不登校」現象を沢山みてきている。

J男やP男にみる学校不適応の背景に、そういった生体機能の偏りがもたらす負因の所在を、私たちはもっと知らねばならぬのではないか。

通信高校二年生の二〇才になるM青年が一学期の期末テストの際、国語の答案用紙に「この試験がすめば僕は死にます」と書いているのが分かり、学校で緊急職員会議が開かれ、「私たちでは手に負えないケース、専門家にリファーすべきだ」との意見がまとまり、教頭から直接私のところへ電話がかかってきた。

会ってみてまさしく「アスペルガー障害」系の青年であることが分かった。母親の話では、M青年が一歳半の時にはカレンダーに強い関心を示し曜日を読み取ることができ、しかも正確に言えたとのこと。二歳でアルファベットの大文字、小文字も覚えていて、年子の妹がまだ一歳の赤子というのに、懸命に教えようとして嫌がられると「はい、今日はこれまで」と教材（？）をもとにおさめ教師然としていたという。小学校、中学校時代「不登校」としては映らなかったが、集団内の対人関係を極度に嫌がり、いつも誰よりも早く家に帰っていたという。

まわりとのコミュニケーションに負担を感じ、周囲と距離を置くことで身を守っていたのである。知能は高く学習能力も抜群であったが、教室の中に皆と同居することを負担に感じていたのであろう。学習に集中できず成績も悪く、当初から全日制の高校進学を断念し、通信教育だと月二回のスクーリングで済み、教室内の負担も軽くすむという利点を考えたのである。二〇才で二年生というのは途中で一度挫折、退学、三年を経て再入学していたからである。

自殺の理由は、「今のような引きこもり風の生活」では何の意味もない故に死ぬ、のだということであった。「自殺予告」を答案用紙に書き込めば、教師たちがどう反応するのかといった相手の立場で、という思いが浮かぶという回路が無いのである。また外に出ると道路上を飛ぶように走る。誰かに声を掛けられるのを極度に嫌い、避けるためである。M青年には誰もが歩むはずの人生航路の記銘が無いといっていい。

これでは「死」を思うM青年の心境に逆らって、「生きるってもっとも大切なこと!」と説得してみても、彼の脳裡には入っていかない。ひたすら外界の人間関係を遮断して生きているのである。最後は身を殺すことでストレスを無にするしかないのである。人格障害の類型でいうと「回避性」のタイプにあてはまる。毎週一回の私とのカウンセリングにはAM十一時の約束を守り、必ず通っているのは何故か。「決めているから行くのだ」と言う。

本人の承諾を得て「京大NX—」のペーパーによる知能テストをやってみた。結果は指数に換算すると一三八、現役のピチピチした中高生時代でなくなっているのに、反応は素早いものであった。念のために投影法のロールシャッハテストを試みた。インクブロットの画版を見ての自由な連想反応から心の深層に迫ろうとする検査だが、十枚のうち僅かに一枚だけ部分反応だが「熊と兎」と答えたのみ。後の九枚は懸命に考え込み、頭を横に傾けて思案の顔。結局声を出しての応答はなかった。困惑した表情だけが強く印象に残ったのである。何故だったのか、後で私なりの解釈を述べてみたい。

ここで平成十五年の元旦に届いた年賀状に、三人の不登校生の近況が出ていたので紹介したい。

○両親からの賀状二通から

昨年は愚息がスペインでの国際石彫シンポジウムでグランプリを頂きました。私ども二人はカナダへ遊びに行きました。

息子はコンピュータシステム開発の会社に就職が決まっています。帆船に乗るようになり、友人が沢山できて積極的に自信を持ってやっています。お陰様で夢のようです。ありがとうございます。

○本人からの賀状から

明けましておめでとうございます。

「R大学新聞社」という学生新聞を作るサークルに入って、大好きなスポーツの取材をしたり、初めての経験をたくさんしています。いい友達にも恵まれて、学生生活を楽しんでいます。では先生も体に気を付けて頑張ってください。

毎年、これまでの中学・高校時代、不登校や引きこもりでかかわった青年たちの「それから」の情報が記載されている賀状が、必ず何通か送られてくる。

心身の健康を取り戻し、それぞれが独自の世界にはばたいているのを知ると、長くて暗い学校時代を過ごしていた彼等・彼女たちのことが想起され、臨床の現場に携わっている仕事の大切さが再認識させられるのである。一言で表現すると、不登校だった子たち「大学に入ると、どの子も蘇る」のである。

では何故学校生活・環境だと、生体機能が損なわれるのであろうか。

不登校から引きこもりに陥る生徒の大半は、学校システム下の同年齢人間集団の中に身を置くこと、そのことが極度のストレスであり、時にＰＴＳＤともいえる心の被害を受けるという悲劇的な負因を背負っているといえるのである。

その負因が、大学システムの環境下だと激減する。いわば小集団的対人関係の対応が約束されるからであろう。

私の主宰する「六甲スクールレス・スクール」（一九八五年設立）を中継地点として、学校を遮断したルートで大学及び専門学校に進んだ多くの青年たちは何百人にもなるが、誰一人途中の挫折がなくて無事卒業しているのである。

中学・高校という通過点を通らないと、何故に日本社会ではどうして問題者というか脱落者、不適応者とレッテルを貼られてしまうのだろうか。米国のように「ホームスクール」制度が受け入れられ、自宅で過ごしても大学へ進学できる方法を日本において取り入れられていいのではないか。

因みに、六甲スクールレス・スクールを通過して上に進んだ青年たちの所属大学名を紹介しておこう。

スクールレス後の進路

ＨＡＬコンピューター専門学校
芦屋大学
英知大学
追手門大学
大阪芸術大学
大阪人間科学大学
大阪音楽大学
大阪写真専門学校
金沢美術専門学校
関西大学
京都産業大学
近畿大学
近畿大学―関西大学大学院
慶応大学
甲子園大学
甲南大学
種智院大学
宝塚造形大学
佛教大学
立命館大学
龍谷大学
龍谷大学―龍谷大学大学院
早稲田大学―早稲田大学大学院
看護大学
関西大学大学院
京都外国語大学
甲南女子大学
大阪経済大学
美術専門学校
福井工業大学
高野山大学

そういえば、何年も前になるが同志社大学文学部の入試に出題された（一〇〇分）英語の設問（I）の長文が、なんと英国の「home schooling」に関する文章である。出典は定かでないが、設問文からいくつか内容を拙訳したので紹介しよう。

「英国では五歳から小学校が始まる。今まではホームスクーリングをする親は熱狂的で風変わりな考えを持っているとされていたが、現在では中流の普通の家庭でも公立学校での教育について賛否両論の考えがあるようになった。

その理由…一つの教室の人数が多すぎ、いじめ、校内暴力、教材レベル、絶え間ない試験からのプレッシャーなど。過去一年間でホームスクーリングを選んだ生徒数が一〇%増加し、十四万人がホームスクーリングを受けている。

多くの親は、一般の学校では子どもたちが立派に成長していかないことを恐れている。教師の力量不足を訴える親もいる。

いじめの問題を取り上げる人もいる。安全でない場所であると思った場合、いじめが解決する間、例えそれが六ヶ月の間としてもホームスクーリングに替える人もいる。教室を戦地に例える人もいる。教室を支配しているのは教師ではなく、ある集団である、とも。

ホームスクーリングを始めるのには誰の許可もいらない。一度、学校に入ってしまっていた子の場合は届けが必要となる。

行政はほとんど介入して来ない。一年間に三〇分の訪問指導があるのみ。サポートグループもあるし、インターネット利用もでき、教材も揃うし、書物も沢山出版されている。

ホームスクーリングのマイナス面は、教師役をする親の自由時間がなくなることである。一年ほど続けて根を上げる人もいる。」

日本の教育土壌ではこうはいかない。いかに日本は教育が官僚システムに組み込まれているかよく分かる。

さて本論に戻りたい。

分析心理学の創始者C・G・ユングは、理論家のみならず臨床家としても豊富なキャリアの持ち主だが、彼は「診断」に関し、それは治療後になってはじめて分かるのだと説いている。けだし名言といえよう。

しかしながら、日本の心理臨床及び精神科領域の現場では初診の段階で診断名を付けていないといけないような風潮が錯綜しているというのが現実である。

勿論、医療費請求に関しては、まずは「病名」を付けないことには入らないシステムだから致し方ないとして、本人や家族に診断名を告知するのはもう少しずらしてもいいのではと思ってみるのである。何故かというと。「今はそうかも知れないが、しかし一過性」ということもあり得るからである。

本人の生体リズムが崩れるほどの圧があるのであれば、そのストレスの度合いを軽減するなり、遮断するといった方法や薬物による防衛のカベ作りも可能であるのだから、まずは症状ないしは問題状態が落ち着くというか、「寛解」することを前提に歳月という時間を、いわば「日にち薬」として待つのがベターではないか。とりわけ中学・高校生のステージはまさにティーンエイジャー、どうなるか分からない（いいにせよ悪いにせよ）可能性をはらんでいるだけに、「時」の経過を注視するという見方がほしいのである。

にもかかわらず、先に紹介した何例かのケースのほとんどが、まず「診断書ありき」であった。「発達」といった概念で、青少年の心と身体の状態を見る限り、発達にも個性差というものがあるのである。ところが学校は、同年齢を前提に学年を編成していて、まるまる誕生で一年間の差もある児童たちを、同じ入れものに閉じ込めて集団教育するのが仕組みとなっている。

二月一日生まれの私など、その犠牲者の一人だったと大昔を振り返り、今も恨みがましく思い出してしまうのである。

れっきとした医学的用語に知能の「最大限発揮年齢帯」というのがある。小児科医に言わせると、その子の心身の発達の途上において、まさに知能が最大限に発揮する「時」があるのだという。

両親が医師、共に地方の県立高校時代の同級生のカップル、その一人息子のY君が有名な進学校の高二で不登校となった。そのままずるっと引きこもり、卒業ができず中退してしまった。その間ひどい時だと、一週間浴室の中で過ごすこともあった。さらには五キログラムもある牛肉の塊を抱え、それだけでこれまた五〜六日の食生活、少しづつちぎっては生のまま口にしていたという奇行振り。最後は救急で精神病院に入院し、かなりよくなり半年目に仮退院をしたその翌日、自宅近くのマンションの九階から飛び降り自殺してしまった。二十五才でこの世を去ったというY青年の口癖は、「受験勉強が早過ぎた」であった。

地方出身の両親、成績が伸びたのは中学三年辺りからだという。共に現役で国立大医学部に合格といった、まさに二人三脚であったわけだが、どちらかといえば奥手のお二人だった。

それに較べ、阪神間の受験ゾーンの真っ只中で住まいと開業、地方のようにはいかなかった。なんといっても周りの進学の環境は先手主義、まだまだ遊びたい時代のY君の児童期を凝結しての「受験塾生活」が、正常な発達を歪めてしまったのが問題だったのである。

知能の最大限発揮年齢の生体的仕組みを親が知っていて、本人の発達過程の推移にもう少し留意していたら、後になって両親共々語りあったのが、何時までも私の脳裡に残るのである。

ところで、冒頭で紹介したS県下M高校のアスペルガー障害と診断されたというA君はその後どうしたのであろうか。

一学期の終り、私は学校長宛に次のような「心理診断書」を作成し、両親から直接手渡してほしいと依頼したのである。

心理診断書　　　平成十四年七月〇日

氏名：A男（一年在籍）

診断：不定愁訴を伴った不登校と判断いたします。

状態・背景・展望・課題：

学習と対人関係への過度の気遣いが起因した、中枢性疲労症のため、ある種の「時差呆け症」が固着し生体リズムが崩れ、自律神経失調様の愁訴に悩まされている状態と推測します。

本来、素直で真面目、まわりへの過剰適応の積み重ねが、自我の年齢相応の成長のズレ、自己主張、セルフコントロールの未熟さのための不適応状況下にあるといえます。総称して私たちは「失感情表現言語症」ともいっています。
いましばらく自己を取り戻すための時間のご高配をお願い申し上げます。

間もなく学校長から文書が送られてきた。内容は「心理診断」で書かれている方向で万全の対応を柔軟的に工夫したいというものであった。

幸い運動系のクラブでかなりの技能を保持していたことが幸いし、夏休みの県下の試合に正選手として出場、個人戦で五位に入ったことも手伝い、二学期以降無事学校復帰、教師陣のさりげない淡々としたA君へのかかわりが功を奏したのであった。「アスペルガー障害」の情報に一時は戸惑いがあったものの、学校は次第に平静な対応に変わっていった。

やはりアスペルガー障害と診断されていた中学一年のB子の校内トラブルはどうなったのか。

両親は市内の児童を対象にした公立医療機関のスタッフを全面に立てて、わが子を受け入れ、その対応に教師陣への反省を促すといった作戦で学校側に迫った。

受けて立つ学校も大変である。二〇〇〇人近い女子が通っている学園内で、一人だけに親が医師を望む「医療教育」を専念させる余裕はない。幻覚・幻視も伴うので今も薬物服用中のB子を一〇〇%

うけいれるのには荷が重いのは当然、意見を求められた私は、「しかるべく医師の診断書と、今後の見通しを公に提出して貰った上で、学校としてどう対応すべきか、責められるから受身となるのではなく、独自性を明確にし、限界のラインを提示することが重要」と学校側に示唆。そこで三学期の始業一日前、両親と学校側が会い、「今後、幻覚的徴候が出て事が起き、他の生徒及び教師に危害が及ぶとき親は、しかるべき専門の医療機関で発達成長を見守ること」を教師が口頭で告知し、それに親は了承したのであった。

C子のその後は—。

「境界性人格障害」と診断された彼女の救いの場は、小集団のフリースクールであると判断した両親は、「心理診断書」があれば中学校の出席も認めて貰えるRスクールレス・スクールに通うことになった。

このスクールは、C子の「人格障害」を軽視したわけではないが、スタッフたちはそのことを念頭に入れつつも、彼女本来の個性豊かな振舞いを全面的に受け入れ、時を待つことにしたのである。但し、何時何が起きてもそれはそれとして、親には覚悟して貰うことを約した上での、かなりリスクの高い受け入れであった。

案の定というか、高校に進みその学校に籍を置いたまま、フリースクールのサポート校に所属して一年目、スタッフの感情転移で感情混乱をきたし、開いたままのビルの二階の窓から、いかにもまわりが気付くのを期待して、「エィッ！」と大声を叫び落下したのである。墜落（？）した直後彼女の発した言葉は前回と少し異なり、驚いて駆け寄った通行者に「M先生を呼んで！」であった。交番所も近くにあったことが幸いし、直ちに救急車が駆け付け、総合病院内の救急センターに収容され手当てを受けたのである。終始意識は鮮明、救急車に同伴したMカウンセラーと一緒であったことが唯一至福の心境、満足だったという。

四ヶ月の加療を要する脊椎の複雑骨折であった。若い生命、やはり回復は早い。復帰して二年を経過した現在、一枚も二枚もこれまでの歪んだ重い気負いを脱いでしまったようで、大学進学に全てのエネルギーを向け快調ペースである。ビルからの落下で身体に食い込んでいたつきものが取れたのであった。

さて多重人格と診断されているE子はどうか。

現在中学三年、高校進学直前である。本人は男女共学を望んでいるが、親は女子高に固執、対立のままである。

両親共働き、カギっ子で長期にわたり淋しい思いを我慢してきたE子には、これまで抑圧されてきた愛情のハングリーも、症状触発の一つの負因、ある種のヒステリー発作による退行現象という考え方も配慮してほしい、それにはあまり深刻に受け止めないで「愛情」を注入してほしいとアドバイス。

具体的には、母親はすでに次の年の三月まで療養休暇を取っていたこともあり、二人の密着てき愛情エネルギー栄養補給を提言したのである。

精神科医による中学三年で「多重人格障害」の診断は、あまりにも酷であると言わざるを得ない。

多重人格障害の発症の原因は何かについて、さまざまな考えがあるのであるが、一般的には幼児期における性的虐待、解離を余儀なくされるほどの防衛反応体験のあったこととされているが、C子にはそのような成育歴は無い。

更には、多重人格に到る病前疾病群でパニック、薬物依存、境界人格障害、うつ症が指摘されているがそれも見当たらない。

一つだけ該当するとすれば、DSMの診断基準の一つであるところの「頭痛発作」というべき激しい疼痛である。

診断した医師はそれを強く主張しているのである。

DSMの診断基準なるものを念のために引用しておきたい。

多重性の徴候

1　時間のゆがみや欠落そして不連続

2　患者が思い出せぬ行動を他人によって語られること
3　患者の知らぬ人から他の名前で呼ばれたり他人と見なされること
4　信頼のおける観察者により、患者の行動における著名な変化が報告されること：患者は、彼あるいは彼女自身を別の名前で呼んだり、彼あるいは彼女自身を第三者とみなす
5　催眠下やアモバルビタールによる面接下、他の人格が引き出される
6　面接の経過中「われわれ」という言葉を使う
7　認知されずあるいは理由を説明されることのできない人格に所属している間の文書、絵、あるいは他の創作や物品（ＩＤカードやふくなど）が発見されること
8　頭痛
9　心の中から、あるいは分離し識別できぬものからの声を聴くこと
10　幼児期の（普通5歳以下の）情動的あるいは身体的な重篤な外傷

現在は、赤ちゃん返りを十二分にさせるという（愛情注入）が一番の特効薬。まわりとの遮断を肯定し、まずは親子の絆の確かめと太くするかかわりが第一、といった方で、少しずつ情動の変易が穏やかになってきているのである。

さて向精神薬を大量に服用を強いられているＪ男の場合はどうか。

薬の多さに動作緩慢状態でのＪ男。登校することすら相当の苦行、やはり長期の休みとなった。何ヶ月か経ってようやく行かねばと自らを叱咤激励しての登校で頑張ったまではよかったが、その日の体育の授業中に靭帯を損傷、翌日からギプスをはめることになった。

これで学校に行かなくて済む、といういわばお墨付きの怪我、気分が快調に向かったのであった。言うなれば、間違いなく進学校のＨ中学校の圧がＪ男の生体に重石を敷き詰めていたということ。リトマス試験紙ではないが、明々白々となったわけで、時期をみての転学を私は両親に助言したのであった。

要は、医師の薬物投与に問題ありという認識から子どもとのかかわりは改善され、本人の「大変さの発言を受容することで立ち直っており、四月からの転校後の変化が親の楽しみといった状況に今あるのである。「副作用の出る薬を出していない」とは、まさに言語道断と言わざるを得ない。

さてここで言及しなければならないのは、多少偏った性格だとしても、それが病的であるとはいえない、というごく常識的な考えである。

確かに問題や症状が顕著である限り、ごく普通の感覚だと異常と受け止めて、専門家に判断を託す、それはそれでいいのだが、肝心の専門家たちはそれを受け止めるのは良しとして、告知の際、青少年が対象であれば余程のことでない限り、診断の告知には慎重であれ、と言いたいのである。

　更には、その治療的対応に際しても、いきなり大量の薬を処方するというより、まずは現状から一時避難、遮断させることで「時」を待ち、その問題性の発生、発症のルーツに注視すべきだと主張したいのである。状況が少しマイナーとなった状態でそうすることによって出発点として、親なり学校側に橋渡しするという余裕が、青少年のカウンセリングには重要である、と私なりの長年の臨床体験から諦観しているのである。

　性急な診断や治療は、かえって本人たちを追い詰めるということに気付いてほしいのである。

　例えば診断の一つにしても、ある「臨床心理士」は時間を掛け、幾つものテストを来談者に施しておきながら、肝心のパーソナリティ理解が出来ないまま本人に、外国語の直訳風の文章をそのまま突きつけるという、未熟というより逸脱したとしかいいようのない対応を、なんの躊躇いもなくやっているというのを聞くと、こちらの方が「それで本当に臨床心理士にパスしているの？」と言いたくなる。

　次の文は、何ヶ月もかけて幾つものテストをした結果、作成した診断内容である。これを読んだ本人と親は「こんなこと言われなくても分かっているのに」と失望、これを機会にその心理士から離れたという。

性格検査結果

検査開始月日　終了月日
2000.11　～　2001.1

感受性や創造性が豊かで、他者に対する共感性も持っている。責任感が強く、自分なりに目標を持ち、それらを合理的判断に基づいて実行していくので、周囲に信頼されたり期待されたりしがちである。

一方、対人関係では、自分にも他人にも厳しい所があり「～すべきと考えがちである。また、自分の思うように物事をすすめたい気持ちが強く、他者との交流をあまり好まない傾向がみられる。

内面的には、抑うつ性や圧迫された感情・無気力感等を抱き、活動性が低い状態である。外界に対し自己を防衛しようとする傾向が強く、環境からの刺激によって自分の安全感を乱したくないと感じている可能性がある。

また、自分の考えや欲求によって外界を再構成する傾向が強く、自分なりの解釈をしがちである。外界に対し個人的な態度をとり、世間並みのありふれた形で人間関係を維持するのが難しい状態である。引っ込み思案になったり、現実の人間関係を避けて空想的になったりしがちである。

過度に内的な衝動を抑えようとする反面、欲求不満耐性が不足しており、現実からの情緒的刺激に敏感に反応し、些細な情緒的刺激によって行動しやすい傾向が見られる。葛藤し、内的緊張が強い様子がうかがえる。

この文章は一体何を言わんとしているのか。ただの素人でも変と気付くのではないか、と言いたくなるのであるが、被験者は二〇才の女子大生である。より悲劇なのは、このまま本人に手渡したというところにある。

さて最後のM青年に触れておこう。

毎週水曜日の午前十一時から十二時が、M青年とのカウンセリング時間帯となっている。

まず、時間に遅れることがない。そして終わり三階のカウンセリングセンターを出ると一気に階段を駆け下り、玄関を出ると一目散に走り出すのである。三階のカウンセリングルームの大きなガラス越しに、リュックを背中にして交差点を脱兎のごとく渡っていく姿が見えるのである。

まさに、彼独自の対人関係ストレス遮断法を実践しているのであろう。通りがかりに誰かから声を掛けられるのが嫌だというが、そういうものではない。自分の内面に他者が入り込まないよう防御しているのであろう。

先にM青年の記述でロールシャッハのインクブロット図版にナンバー3の部分反応「熊と兎」と言ったほか、一度も言葉にならなかったと紹介したのであるが、この心的反応をどう解すればいいのか。

その前に、彼の連想反応の一部を記しておこう。私の口にした単語に対する反応の時間と内容の一覧である。

M青年の連想反応の一覧を凝視していると、何やら薄っすらと彼の心の隙間が見えてこないだろうか。

連想テストの結果		
刺激語	反応語	反応タイム(秒)
正月	普通の日	1
子ども	小さい	3
私	人間	1
学歴	義務	2
クリスマス	慣わし	1
大学	遠い	5
テレビ	リモコン	1
高校	野球	10
マンガ	本	2
女性	人間	1
映画	長い	2
セックス	行為	1
親	二人	1
テスト	？？？	
父	会社員？	12
検査	資料	1
母	家にいる	10
からだ	細胞	12
妹	？？？	
頭	使う	1
恋愛	めんどうくさい	3
知能	犯罪	1
心	？？？	
犯罪	強盗	1
友だち	いない	1
少年犯罪	十五才	1

とりわけ身近な人間関係に対しての極度な感情の距離的反応は、M青年の心の奥底に何かがあるというより、「関係の質的障害」の回路を背負っていると判断しても過言ではないと思えるのである。このことは、インクブロットの形のない皆目何ものか全く不明で雲を掴むような図形を見せて、連想せよということが本人には「酷」と言わざるを得ないのであって、解釈の枠を超えていると私は判断したのであった。

ところが質問紙の代表格MMPIでは、積極的に反応、その結果は無能感と回避性、時間感覚の停止と無関心性の延長線上に乗っかかっている存在形態で、まさにアスペルガー障害特有の対人的、情緒的相互性の欠如が、そこに見られるのである。

だが望みがないわけではない。現在の状況では、自殺念慮が少し遠のきつつあり、知能テストの結果が高いことを告知したことから触発されたのか、カウンセラーと一緒に少しレベルの高いエッセー文を読むことも同意、当分の間、限られた時間ではあるが、この世のさまざまな事象を話題にしつつ、いわゆる「世間」について語り合うことで、心的栄養失調状態からの脱却を試みているのである。

限りなく徹底したカウンセリングマインドとテクニックを根底から支える「受容」こそ、彼の心が潤うであろう可能性を実現させるのではと思うのである。

昔のことになるのだが、二〇〇三年十一月に、大阪・河内長野市内で起きた私立大学生による家族殺傷事件は、同じく公立高校一年の女子生徒と共謀だったと分かり、二〇〇三年六月長崎市の中学一年男子の幼児殺害事件以上に世間は驚いたのであった。

大学生が逮捕されたというので、大阪府警察本部の発表を翌日の朝刊に報道するに際して、コメントがほしいと読売新聞大阪本社の社会部から電話を受けた私は、被疑者の大学生が、また女子生徒も「平然とした態度」で取調官に応じているという記者の話を聞き、アスペルガー障害系の二人と推測したのである。そのような見方をしないで、単純に「今時の若い子は?」の視点だと説明しきれなくなることを強調したのだが、朝刊に出た記者の記事は次のようにまとめられていた。

「臨床心理家の井上敏明さんは『理屈に合わない理由と行動に、神戸市連続児童殺傷事件や長崎市の幼児誘拐殺人事件と共通のある種の発達障害の傾向がうかがえる』という。『二人は日常的に対人関係上の不適応感があったのだろう。本来ならどちらかがノーというはずのところ特有の心理状態を背景に、同じ方向に向かってしまった。非行の延長線上あるいは道徳的、倫理的にとらえるものでなく、子どもの特性をいかに理解して育てるかという問題だ』。」

この私のコメントの記事の前には、教育評論家尾木直樹氏の「親子関係の土台がメルトダウン」、女性フリーライターの月崎映央氏の「家族の機能の弱体化」、犯罪社会学者岩井弘融氏「社会性が育ってなくて視野が狭い。―現代の若者の攻撃性や自己中心的発想を象徴している」等々、三人の識者の発言も載っていた。読者諸賢は、この事件の当時のニュース報道をどのように受け止めておいでだったろうか。

私はいわゆる非行の延長線上で識別する善悪的な道徳性の視点に立っての、親を殺すないし殺そうと計画を立てるといった、二人の男女青年のいわゆる一罰百戒的発想からの処遇では行き詰るとジャーナリストたちにコメントしていたのである。

内容が殺人、検察送付となったわけだが、その後一筋縄ではいかないとみたのか、二人が「簡易鑑定」といったニュースが記事になっていた。

こういった状況もあり、これからの推移をどう予想できるのか、再度読売の記者から取材を受けた。その内容が十一月二十日（木）の朝刊で「ゆがんだ衝動十八歳・十六歳」という企画記事に次のような記事となって掲載された。

記事の前半は「就職試験を受ける女子大生のよう」、「家族に恨みはなかった」「二人は心中するつもりであった」「逮捕後十九日間の調べの中で、後悔や反省の言葉がない（二人共）」と記されていて、最後の締めくくりは私のコメントであった。

「井上敏明神戸海星女子学院大学教授（臨床心理学）は『少年事件や社会に大きな不安を与えた重大事件の場合、再発防止のためにも動機や深層心理を徹底解明する努力が必要』と訴え、その手段の一つとして、刑事事件の判断のためだけでないきちんとした精神鑑定や心理鑑定が有効としている。」

私が取材の記者に語ったのは、「簡易鑑定」レベルでは判断材料は出て来ないから、検察は扱いに困り、きっと「鑑定留置」の処分が出るのでは、どうみてもアスペルガー障害系の二人の逸脱した行為だからと言っていたが、その後の報道でそれが現実となったのであった。

精神分析学創始者のフロイトが『日常生活の精神病理』を著した頃と現代の状況下では、人の心と身体の仕組みが相当に違ってきているのであろうか。この著書を読む限り、フロイトの言う心の病理は深層心理を設定することで了解できる心的事象の範囲である。しかし、今や時代が変わった、というべきであろうか。日常生活の中に、生体の営みの尋常でない現象が顕著になってきたのである。

従来の見方で心理現象を解明するのにはあまりにも、材料不足ではないか。心理学見地からというより、生体的機能異常からみた心の解明が今求められていると思えて仕方ないのである。

第四章　不登校生の「不安感」とその回復

不登校に到る起因の現象像として、①「怠学」②「気まま」③「不安」の三つのタイプがあると見られている。

①は学校という枠組みの管理システムに適応するだけの家庭内の養育環境劣悪化のため、身につかなかったと思われるのである。そのため「学校」がストレスの対象となり生体のバランスを保つ機能が失調し、行けなくなるケースで現象的には「怠学」に見えるのである。

兵庫県のA市の小学校でのケースだが、兄弟共「不登校」である。朝食の作れない未熟な母親と闇雲に怒鳴るだけの父親、これではまともに登校できる筈ないと、担任が朝方家庭訪問するのだが、寝床から出たそのままの姿で家を出てくるのだという。

事情を詳しく知る限り、表面的には「怠学」と見えてもその背景には、子どもの「生活権」が脅かされている、といった状況下では教師がどう手だてを差しのべればいいのか、戸惑っている場合も多くて当然といえる。

②は一人っ子であるが故に親の超過保護的教育が裏目に出て、同年配との対人関係で年齢相応に関わる力を身につけることが出来ないために、大人との「タテ関係」はともかく、いわゆる「ヨコ関係」の緊張に耐えられず、その圧に屈して体調を崩し、学校に行けなくなるといった子のタイプである。

一人っ子に限らず第一子によく見られるケースである。

こういう子たちは、同年輩の集団の中にいると、対人関係上の極度のストレスを受けやすいのだが、それを無理して登校すると次第に疲労困憊し、登校の意欲を喪失するのである。ある種の「慢性疲労症候群」といえる。教師にはこういうタイプは、自己中心的でひとりよがりの「わがまま症」と映るようである。ほんとうは、まわりとうまく付き合えないためにストレスを一杯ため込み行き詰っているのである。集団より一人で居る方が気分的に楽と感じる傾向がありで好き勝手な生活振りに見えることが災いして、教師から良く思われないのである。
③のタイプはどうか。従来から言われてきた「学校恐怖症」(School phobia)といったいわゆる神経症タイプの「不登校」で、真面目、素直、几帳面、過剰適応、アレキシサイミア(失感情表現言語症)、等々の行動内容を内包したパーソナリティ因子を多く持ち合わせているため、不安を先取りした「いい子」の「不適応」症状をいう。いじめや教室内でのトラブルの挫折経験をいつも背負い込んでいる、といえる。
その多くがある日「突然」に行かなくなるので①と②のタイプの「慢性」に対して「急性」という二字のつく「不登校」である。

以上、①～③のタイプを取り挙げたのであるが、それにしても、児童・生徒の人口数の激減現象がとっくに始まっているというのに、二〇二〇年で小・中学合わせて「約一九万六一二七人」とはあまりにもの増加である。（二〇二二年度、兵庫県下では一万二千人を超えている。）

少子時代の「子育て」の弱体化が主たる犯人であるかの説も世間をまかり通っているのも事実。たしかにそうも言えるのであろうが、先に挙げた三つの不登校タイプに内在する共通の負因、即ち「拒否」に到る根拠に「不安」感情があるのは周知のことである。

この不安の精神生理がもたらす身体の変異と不登校の無気力について探ってみたい。

福沢諭吉の長男、不登校の一太郎

福沢諭吉の長男「一太郎」君が、いまでいう「不登校生」であった、と『福翁自伝』で諭吉自身語っているのを読者諸賢はご存知であろうか。当時、日本で一番の難関校だった「東京大学予備門」（旧制一高の前身）に「一太郎」君は通っていた。この予備門は、津村陽氏の『巨人伝』の主人公「南方熊楠」（明治十七年入学）や近代俳句の先覚者「正岡子規」（熊楠と同級生）が二人とも落第をし、中退したことでも有名（？）であるが、その詰め込み教育は猛烈を極めていた。無理もない。欧米の先進文化の摂取に急を要した明治は中期の時代、待ったなしだったのであろう。

肝心の「一太郎」君、どうも神経症の胃病だったようである。三ヶ月予備門に通うとダウン。そこで三ヶ月自宅療養、回復して、再び登校しても、またまた再発の繰り返し。

そこで諭吉自ら、文部卿に〟暴走教育〝（？）是正を訴えるのだが、埒が明かず「慶應義塾」に入れて、その後米国の大学に留学させたのだという。

諭吉の教育観のおもしろいところは、人間は本来「獣身」なのだから、早期の子どもに偏った知的学習は、成長を歪めはすれ何のプラスもないと熱っぽく説いている。今も昔もその点は変わらない。

ところで「不登校生」の数は、中学によっては小学生の一〇倍というところもある。

幼い頃からの神経だけを昂らせる心理的「情報洪水」に過敏反応した、まじめ現代っ子が不安を先取り、一番の被害者となる。
（1）過度の学習（2）対人関係の下の過緊張（3）家庭内のライフリズムの崩れ―等によるストレスが「獣身」を脅かし、学校集団の中で群れる圧にも耐えられない青少年をつくり出しているのである。
中学生に「いま何がしたいのか」と尋ねると大半の子が「眠りたい」と答えるのだ―という。起床と共に漲るエネルギーで勢いよく飛び出すはずの子どもたちが、疲れた中高年のように「眠っていたい」では、まことに先が思いやられる。

いま教育で重視しなければならないのは身体を鍛える、神経を強くする、そして自我を逞しくする、といった観点でのプログラムの工夫では、と思ってみるのである。

私が登校拒否症の中学・高校生とのカウンセリングを初めて引き受けたのは、昭和三十九年（一九六四年）の四月、私立Y学院高等学校「教育相談室」の専任カウンセラーとして仕事し始めた頃だから足掛け六〇年近くにもなるのであるが、後に不登校生のための「フリースクール」（スクールレス・スクール）を二〇年間主宰し、多くの回復を助力したのであった。

その間、カウンセラーとしてリレーションを持った不登校生の数はあまりにも多くて覚えられないくらいである。何百人単位でお付き合いしてきた不登校生の主訴の第一は、ほとんどの子が睡眠のリズムを崩している、という点にあった。

いわゆる「昼夜逆転型」の「ゴロゴロタイプ」でおまけに無気力症を伴った不登校生の相談を引き受けてきたということになる。しかもその大半は「睡眠障害」に陥っていて、不安感情にも脅え、その強迫概念から逃げられないでいるというものであった。

とりわけ登校時の目覚めの悪さは、親の強引な干渉や叱責を誘発し、その追い詰めの圧が時に「家庭内暴力」と化し、更には「子殺し事件」にまでエスカレートするといった不幸な出来事が後を絶たないのである。

更には不登校症に陥っている児童や生徒のほとんどが、不定愁訴症候群を伴っているのは周知のことであるが、その中核にあるのが、「登校」という意識を抱くと自動的に「不安」が心身を襲うといったメカニズムである。

では、その「不安」は何処から到来するのであろうか。

一つは生体リズムを無視した進学塾などの過度の学習で身も心も疲れ果て学校に通うことすら負担

となると、学校内の生活を支えるだけの心的エネルギーが不足するため、そこに身を置くだけで圧となり、生体の営みの機能に支障を来す時、「不安」感情が募り休まざるを得なくなるのである。

二つ目は家庭内の複雑な人間関係に、幼少時より巻き込まれた生活を強いられた子どもが、その「気遣い」の癖をインプットしている。教室内の教師や子どもとの対人関係でも過敏反応し、内と外の圧の量が本人の生体リズムの営みに障害をもたらすほどに至った時、学校へ行くという意識が不安で抑制され、生体リズムを守る身体の働きが先行するのである。

三つ目は学校内、教室内でのいじめやテストの失敗、学習の失敗などの心の挫折が「PTSD（心的外傷後ストレス障害）」となり、学校と思うだけでフラッシュバック現象が意識化され「不安や恐怖」が時に、本人の身体を金縛りにしてしまうのである。

この三つのタイプの共通因子は「過緊張」下にあることの長時間性、生体の営みが二十四時間態勢の緊急出動下にある、ということである。疲労の蓄積を無視した頑張りが、覚醒剤を打ち続けた後遺症のように身体をボロボロにしてしまうのである。当然のこと外界の刺激に対応するパワーも減退し学校内での対人関係上のストレスにはとうてい耐えられなくなるわけである。

こういう時、己を守る唯一の方法は、まわりから我が身を「遮断」して閉じこもることである。

学校へ行かねばならぬ時間帯を「寝る」ことで意識外に置き、夜のとばりが降りる頃より目覚めの時が始まる。同じクラスメイトが今だと学校に行っていないという安心感も手伝い、外は暗闇というバリアに守られて、不安は軽くなることからどの不登校生でも昼夜逆転のゴキブリ生活が続くのである。

不安の精神生理

ところで「不安」はどうして生じるのか。過度の緊張であるのは周知のことだが、交感神経の亢進でアドレナリン系の脳内伝達物質が過剰に分泌するという状況下に、その子がおかれるからである。人間にとっての一番の「心的毒性」は「不安」にあると言われている。

この不安感情が当人に寄宿するとなかなかに除去できなくなるのである。なかでも、登校するのに必要な「気力」、即ち心的エネルギーが不足する時、登校を意識するだけで不安感情が強くなるのである。

不登校生にとって安堵の日は金曜日の夜である。「明日の学校」が消えるため本人が立往生するストレスが除去されるので、身体の営みが平常の状態に帰るのである。

その証拠に「土曜・日曜日」の朝はご機嫌である。日曜日は近所の子も休んでいるという安心感があるのか、結構早く起き出して魚釣りやドライブなど息抜きの場に出かけるという不登校生も多いのである。

結局のところ過度の「不安感情」が登校を阻止するのだといえるのであるが、この身体のリズムを崩す不安ストレスを薬で押さえ込み「強制登校」を勧める精神科医の処方は、その辺りの心と身体の生体メカニズムを裏づけているといえる。

ある神経科の医師は薬物行動療法をよしとして「父親」が引きずってでも、と強制的に子どもを学校へつれて行くことが不登校回復の効果的治療法であると提言している。いわゆる「薬物行動療法」である。

ところで薬物精神的な観点に立ったとき、次のことが定説となっている。

苦悶を主訴とした内省・内面の葛藤から抜けられないで不安や強迫感に脅えての不適切状態には、薬物と分析療法ないしカウンセリングを、感情表出の側面で言語化できない心的エネルギー鬱屈下で不安や恐怖にさいなまされての不適応状態には薬物療法プラス行動療法を、というわけである。

この考え方は、マイナートランキライザー（抗不安薬）の処分のさいの手引きとして解説している医家向けの製薬会社のＰＲ版にも出ているものである。

「不登校生」の場合も同じで、どちらのタイプかはともかく、医師との関りにおいては、まず薬物で不定愁訴の寛解を前提に治療がなされることになる。

先に紹介した精神科医の場合は、後者の薬物＋行動療法を治療の方法として採用し、外的ストレスの遮断を薬で登校刺激を父親にさせ、強引に連れ出す行動療法を勧めている。

では、学校というストレスが不登校生の不安感情を誘発するのは一体どうしてなのかについて触れてみたい。

我々は外圧ともいうべき外からの刺激に対して内側から押し出す内圧とのバランスで生命の営みを維持しているのである。そして外と内の境界で我々を支えているのが自我である。内を外から守る壁の役割を担っている。丁度タイヤのようなものである。そのタイヤが摩擦のために擦り減り始めると同時に、内圧のパワーも低くなるに従い歪みが拡大、車の走行は次第にガタづき始めるのである。それでも走り続けるうちに自律神経の働きが失調状態に陥る時、アラームならぬ「不安」の感情が極度に噴出してくるというわけである。即ち自律神経系の交感神経と副交感神経の拮抗力も萎え不眠症や無気力症を呈するようになるのである。

不安を身体に強く感じさせるというオートマチックな心身の反応こそ、哺乳動物が保持するところの「生体恒常性」の営みそのものといえる。

「学校へ行く」ないし「行かねば」といったイメージも含め不登校生にとっての「学校」という外圧は、自我の壁を押し崩そうとする「ストレス」そのものなのである。

ガタづいた壁はほんのちょっとした風にでも揺れ？内側に凸凹が出来るようになる。そのうち土壁も少しずつ崩れ始めると、外からの五メートルの風圧を五〇メートルにも感受してしまうために、SOSが内から発信され、長引く不安感情が症状を顕在化させるのである。

不安感の発生ルーツの一説として「自己保存本能からくる危険信号」という考えがある。

学校へ行くと感じる圧が、身体の営みへ恒常性を損なわしめるほどに強いものと化している、という現象を背負っているのが不登校生なのである。

学校というストレスが、時に生命を脅かしているので、彼らは本能的にその危険を予知し登校しないということで圧を遮断し、自ら生き残りの道を選択しているのである。

E社の製品で五種類の薬用植物からなる身体の緊張や疲労感を除去するための「漢方薬」がある。この薬の手引によると次のような解説がなされている。

「現代は、ストレスの時代といわれ、日常生活において緊張したりイライラする機会が増えています。緊張がイライラを起こすストレスが体の正常なリズムを調整している自律神経やホルモン分泌に乱れを起こし、疲れてやる気がない（疲労倦怠感）、頭が重いなどの原因となることがあります」

この効能書きのねらいは薬用植物のエキス五種類配合の錠剤が、ストレスによる生体リズムの乱れを調整するので、疲労倦怠感がとれ、頭重も解消し緊張による身体のこわばりも同時に緩和されるので服用を勧める、というものである。

私立の進学校に通っていて不登校になったある女子高生のA子は、中学受験でのハッスルと入学後トップ争いの過熱した学習のため、小五の三学期の初潮以来、高二の新学期まで生理がなかった。

中三になった時、心配した親は本人を連れて婦人科の診察を受けさせるべく出向いたのであるが、さして健康上の支障はなく、強いてというのであれば卵黄ホルモンの注射をということであった。

とりあえず一回だけそうしたのであるがその後は続かなかった。

ところが高二の新学期より不登校になり、学校に行かない状態になって、五月から正常な「生理」のサイクルが始まったのである。

当人曰く「学校がストレスだったと思います。毎日、身体に重い『鉛』をつけているようで、歩いていても『重い！』という感じでした。」入学した中一から中二にかけては気づかなかったようなのだが、成績がどんどん低下し始めた中二の三学期あたりから、身体の不調を覚え、気分も悪化したという。まわりが気になって頭から去らなくなり、そうしているうちに『考えが飛ぶ』といった、あたかも躁的状況下の観念放逸（flight of idea）に近い意識に振りまわされ勉強どころではなくなったのであった。

幸い、カウンセリングをきっかけに「不登校」が正当化され家族も学校も「しばらくゆっくりする」ことが本人の崩れた生体リズムを整えることに気づき、「公認」の学校長期欠席の場面が設定されたとたん、「生理」がはじまった、というわけである。身体リズムの歪んだメカニズムが、こういった学校ストレス下における症状の顕在化によって明らかになったといえるのである。

彼女の意識にいつも漂っていたのは、「不安感情」であった。

筋肉の疲労は休ませば治る。しかし「神経」の疲労、即ち脳底中枢の疲れは「心の平安」が一番の薬である。

睡眠薬で無理に眠らせたからといって健康をすぐに取り戻せるわけではない。

一度、心的外傷などのストレスによって受けたショックが、薬だけでは回復しないように、長年の積み重なったところのストレスによる圧は、まさに「圧縮」そのもの。その痼りがほぐれるのに相当の「時」を要するのである。

不登校の多くは後者のパターンである。我慢した分だけ尾を引くのだと断言できる。一度崩したリズムが元に戻るのに莫大な時間を要するのである。

不登校生の不安がとれる時

さてこういった「不安」に包囲され、長期間の過緊張の結果、中枢性疲労症候群による「無気力」状態から不登校生が脱却する時が果たしてあるのであろうか。

「空の空、空の空。一切は空である。」で始まる旧約聖書は、『伝道の書』の中に「天の下のすべてのわざには時がある」と、必ず時の来ることを解いている。

不登校生も間違いなく「その時」が来さえすれば人が変わったように、自分を取り戻し、心身の健康に恵まれるようになる、ということを長年の教育臨床の経験でみてきたのであるが、総じてその回復は、ストレスの対象である学校から「身が離れた時」からスタートするのだと言えるのである。

現時点で自我が耐えられないほどの心的・身体的圧に押されての中枢性疲労の結果、症状が出ているのだから、そこから合理的に身を離せば当人の負担は遠のくわけである。

例えば「転校」の場合、その変化は劇的でさえある。

中学二年のA君は、中学入学時から資質を見込まれて柔道部に勧誘され、その顧問に特別目をかけられたのであるが、一年間でボロボロになり、教師や部員の期待の圧に耐えられず三年に進級して不登校、まるまる一学期を休んでしまった。学校へ行きたくても、柔道部が厚いカベになり、家から一歩も出られない状況に陥った。

しかし母親には、転宅して転校できたら「行く」から、そうして欲しいと言っていたのであるが経済上の制約もあり、親も困惑しどうしたらいいものか思案の上での「教育相談」であった。そこで現住所のまま校区違いの別の公立中学校に転校できるようカウンセラーがひと役買うことになり無事に転校したところ、二学期から卒業まで難なく登校したのであった。高校進学後も何のトラブルもない日々を過ごしているのである。

後で当人に聞くと「どうしてあんなにこだわったのか、今も不思議だ」という。柔道部顧問との折り合いの悪さにより閉塞状態に置かれ、そのストレスが不安を、恐怖を触発していたのである。

その意味で、転校は「心機一転」新しい出発の一つのチャンスといえる。

我々の対応の基本は、不登校生が不安を抱く要因は何かを見定めた上で、問題の現実的場面を回避し、次なるステップに乗れるよう手段を工夫することで、例え強烈な不安に駆られている事態にあっても希望が生まれ、当人の気持ちのやり場が前向きになるのだという考えである。しかし、「転校」とか、中学卒業まで何年も休んだ上で高校進学を心機一転のチャンスとして狙うとか、あるいは高校は断念し大学入学で敗者復活を「テコ」にするといった手段をとることが彼らが不安の元凶から解放されるというのは、どういうわけか。所謂「世間」とか「この世」の常識ではこれを良しとしないのである。

それは「転校」即「逃避」であり、本人を「甘やかす」ことであって心の成長にはつながらないという考えが日本の社会文化、とりわけ教育界に根づいているからである。

B子は本人特有の神経質さが手伝い、ちょっとしたクラスの中でのトラブルが起因したのか中学三年間学校へ行くと怖いといって登校することが無かった。卒業したものの高校進学したくてもこういう生徒を引き受ける全日制の高校はまず無い、というのが現実である。ところが大分県T市の全日制である私立T高校がその状況をのみ込んだ上で入学をOKしたのであるが、さすがに一学期はだめであった。幸い高校は二学期からでも良いと当人に返事をしてくれである。ほっとしたB子、二学期まで待って貰えれば行けるかも知れないと思うようになるのだが、九月に入った最初の月曜日から北陸の地を離れ、九州は大分県下のT高校の寮から登校するようになったのである。これはもう奇跡に近いと誰もが思ったその後、成績もそれ相応の成果を挙げることができた。中学校の不登校の時点で「精神的疾患」ありとされていたのに、T高校の生活は健康そのものであった。無論、投薬は皆無である。

出口なき閉塞状況下ではどんな人でも心も身も病んで当然といえる。

不安解消が「不登校」でなくなる唯一の手段であるとすれば、そのための方法は何か。冒頭で家庭生活と学校生活の営みの違いによるギャップが登校に支障をきたしていると指摘した第一のタイプのその中に、身分は中学生であっても父親の働き場に同伴することで健康を取り戻し、立派に仕事をこなしている子も結構いるのである。いわゆる学校内での「座学」によるストレスが本人の心身状態を悪化させていたわけである。

第二のタイプでは小学四年のY子の場合がその典型である。

四年に進級して担任が交替したのだが、Y子の体調が悪化した。

当初張り切って登校していたのに、担任と折り合いが悪いことが重なるに従い、登校前になると高熱が出るようになったのである。高い時には三十九度にもなったという。下がらない熱は「病気」と考え親は医師・病院を何カ所もまわったのであるが、検査の結果では何の病変も見られなかったのである。

そこで教育相談の機関に出かけてのカウンセリング、一人っ子特有の同年代の児童との群れの中での過剰適応がストレス化し疲労困憊となっての心身症と診断されたのである。高年齢の両親による養育態度が早くから大人に仕上げてしまっていたのである。

小四というのに「恐れ入りますが」と挨拶するY子、読書好きで語らいの豊富さがまわりの児童との間に文化的ギャップを生じさせるのだが、その象徴が「因みに」といった接続詞などの使い方が目立ったりするのであった。

そうかと思えば、理系出身の研究開発スタッフの父親に影響されて「核融合」について話し出すといった博識のY子、これでは公立小学校ではまわりから浮いてしまうだけでなく、担任によって拒否されかねないわけだが、Y子の場合、不運にも理屈っぽさを嫌悪するタイプの担任だったのである。

まわりから白い目で見られ担任から冷たくあしらわれての（親は教師にいじめられていると訴えていたのだが）日々の学校生活に過剰適応して疲れ果てたその結果が心因性発熱症だったのである。

ところが学校を合理的に休める「フリースクール」に出かけるようになると、Y子は本領を発揮、居場所を確保してのびのび振る舞うことの出来る場に身を置いて二日目には高熱が消えてしまったのである。

アメリカ精神医学協会による『精神障害の分類と診断の手引き』（DSM―5）の中に「全般性不安障害」（Generalized Anxiety Disorder）というのがあってAからFの項目に分けている。そのDに次のような内容が記載されている。「不安になった時は、次の一八の症状のうち少なくとも六つの症状がしばしば出現すること」として、運動性緊張状態、自律神経過緊張状態、過敏・緊張状態のさまざまな症状（不定愁訴症候群）があるというのである。

※運動性緊張状態
①からだが震える感じ、筋肉がピクピク震える、あるいは、からだが揺らぐ感じ
②筋肉の突っ張る感じや痛み、あるいは、うずく感じ
③じっとしていられない、ソワソワしたおちつかない感じ
④疲れやすい

※自律神経過緊張状態
⑤息切れ、あるいは息苦しい感じ
⑥動悸、あるいは心悸亢進：頻脈
⑦発汗、または手がベトベトして冷たい
⑧口喝
⑨めまい、または頭がふらつく感じ
⑩嘔気、下痢、または他の腹部症状
⑪突然からだや顔がほてったり、寒気がする
⑫頻尿
⑬嚥下障害、または物がのどにつかえる感じ

※過敏・緊張状態
⑭ピリピリと張りつめた感じ、または易刺激性
⑮些細なことにも非常に驚きやすい
⑯注意集中困難、または、不安のために頭がぼんやりしてしまう
⑰寝付きが悪かったり、目ざとい
⑱焦燥感

Y子の場合まさに自律神経過緊張状態の典型的な症例だといえる。しかし、薬物や遮断で一時的に問題症状が寛解しても、肝心の学校に帰っていって健康は保持できるのだろうか。

もしも日本の義務教育システムに「飛び級」が可なれば小学六年、いや中学校あたりの学年に編入することで解決は得られるかもしれないが、現実的な話しではない。

となると、小学校卒業まではフリースクールに身を置き、中学校に上がるとき、私立なり付属なりの比較的知能レベルが高くて個性派の子どもが通う学校を選ぶしかない、ということになる。

孟母三還ならぬ「学校選び」が問われることになるのである。あるいは思い切って大学進学までバイパスならぬ第二の街道を歩むか、である。大学だと個性に応じた教育環境が選べるのである。

いま一つ、その典型例を紹介したい。中学一年の一学期、丁度中間テストも三日目となり、あと一日で終わるので少しは気の緩んだS君、明日のテストのことを念頭に入れて丁度昼学校を出たのであるが、校舎前の信号を渡って歩道に踏み入れようとしたその時、ドーンという今まで耳にしたことのない響く音と一緒に「ウァー」といった恐怖に直面した声を背中に聞いたのである。

「何事?」とその異常な音の正体を知ろうと振り返ったその瞬間目に映ったのは、直進して来た車にはねられ宙に浮いた同学年の女子中学生であった。即死である。

その翌朝家から一歩も出られなくなったのである。ある種のPTSD（心的外傷後ストレス障害）に陥ったのである。しばらくは恐怖性障害（Panic Disorder）が続いた。とりわけ胸苦しさや自分も車に当てられ死ぬのではないかと恐れ、それを思うと夜も眠れない不安感情に襲われたのである。このことがあって、S君の中学生活は不登校生のままの卒業、高校進学も「大検と通信制高校」の二本立て、結局は「学校」に行くことをしなかったのである。

事故死の現場が学校に沿った県道だったために、そのショック体験で「学校」を見ることでフラッシュバックとなるその繰り返しを恐れた「不登校」だったのである。

「学校・事故・遭遇」のイメージが脳裡に深く食い込み、そのインプットされた不幸な回路が長期にわたって日々の生体の営みに支障をきたしていたのである。

「そんなことぐらいで学校にいけないのはおかしい」と思い込むのがごくごく一般的なコンセンサ

スだからである。

ここで強調したいのは要は、「不安感情」から開放されない限り不登校生の復帰は難しい、ということである。「現実療法的」な対応をよしとし、時に「薬物精神療法的・薬物行動療法的」アプローチも試みつつ、結局のところ遮断療法と「時」を活用した射程の長い不登校生との付き合いが功を奏し、数えきれない若者が立派に次のステップを踏んでいるのを眼前にして、我々教育臨床に携わるスタッフは「不登校生」の助力において、精神生理的観点からの取り組みの重要性に気づいて欲しいと思うのである。

先に触れた中枢性疲労症候群にしろ、広い意味でノイローゼ風の症状が顕在化するので「不安感情」が募るのだ、とも言えるのである。

何はともあれ「治す」といったこちらの側の対応が肝心なのである。

ある臨床心理学者が不登校の原因はすべて「親の愛情不足であるから、愛情を与えれば立ち直る」と著書に明記されている。

だから甘えさせることが「退行」を促進し、情緒の安定を計れ、というわけである。

これも見方を変えれば、親子の心の接触によって安堵感が得られたことで「抗不安薬」の効果を促す結果となり、登校も可能となる、というメカニズムが働く、ともいえるのである。

それ故、親子の愛情接触の方法だけが回復の手段だと豪語されると、これは短絡的な見解でしかならないのである。外にも打つ手がいくらでもあるのだから。

不安解消といえばいま一つ忘れてならないことがある。

こういう場合の最良の治療法は「遮断」と「日にち薬」である。S君が不登校でもって学校から距離を置いて六年目、彼の最も希望する「写真学科」のある芸大に進学が決まった。心の傷も、身体の衝撃も癒されていたのであろう。大学生活に入ったS君の日々は、「水を得た魚」のようであった。

パスカルは「歳月」が心の傷を癒す最良の薬と言っているが、まさに名言である。

性急に学校に戻すことではないのである。まずは「心身の営みのリズム」を回復させるまで、周りが持つということのコンセンサスが先決なのである。

不登校とはある種の神経症の「症状」であると言っても「過言」とはいえなくはないのであるが、その方がかかわりやすいのである。それに、いま一つ大切なのは不登校生であっても「希望」が抱けることのできるこちら側の対応である。今はだめでも「先」に光がみえるのなら、その落ち込みはくい止められるのである。

例えば、小学六年の二学期から完全に「不登校」となれば、中学入学時まで待てばよい。中学一年の新学期が「希望」ということになる。いま遮断することで、身体のストレスから脱却できるが故に心の余裕も生まれるのである。

中学がだめなら高校、それもだめなら大学もあるのである。現にそうして立ち直った若者たちと沢山付き合ってきて、そう確信しているのである。

「希望」も一つの「抗不安」作用として効果的なのである。

かの有名なアウシュビッツ収容所で辛くとも生きのびた人たちの心を支えたものは、「希望」であったというエピソードを知る度に、そこに人間の復元性の本質を垣間見る思いをするのである。

誰よりも不安感の強い児童生徒の心の内面世界に立ち入るのは至難の業かもしれないにしても、不登校が時にこういったキャラクターのものには手短で一番の安全感の獲得の方法である、ということの理解・了解から助力的対応が始まるものだ、と知って頂きたいのである。

不登校生が、立ち直って登校する時こそ、日々の生活の営みの中に「不安」が入り込まなくなっているのだ、という心と身体の仕組みに我々はもっと関心をもちたいものと願うものである。

小学三年の終わりに担任との間でトラブルがあり学校に行き辛くなった児が四年の新学期、担任の変わるのを期待したものの、持ち上がりというので不登校となって、それから卒業まで一日も行けなくなった。

親は学校のことを話題にすると「家庭内暴力」にもなりかねない息子の感情の激しさに対応できず「登校させること」を断念、中学への進学のチャンスを待つことにしたのである。

長い時を経過して中学へ自動的に進んだものの、親の必死の期待を嘲笑うかのように全く動かなかった。一年が経ち、二年、三年、とうとう中学も卒業の時がやって来た。閉じこもりの我が子がとっくに廃人になってしまっているといった絶望感に親も無気力となり、高校進学などおよそ思いもしなかったのに、本人から突然「僕、高校に行きたい」と言い出したのである。

小学校は四・五・六、中学校も一・二・三、と合わせて六年間も学校と縁がなかった不登校そのものの中学生が、進学できる高校があるのかというのがまず、親の脳裡に浮かんだのである。かといって、行きたいと初めて口にした我が子の意欲を削ぐわけにもいかず、母親がダイヤルを廻し本人も同伴しての面談となった。

会ってみると、なかなかの「哲学少年」である。物事の本質を筋道を立てて理屈で考えるといった思考のスタイル、一＋一＝二となるにはどんな根拠があるのか、人間はどこから生まれてどこへ向かうのか、一体この世の「存在」とは何によって存立しているのか、といったドイツの実存哲学者で有名なM，ハイデガーが口にしそうな高邁なというか、現実離れした発想に面食らったのである。どう見ても知能は高い方である。家では親が読まない哲学書を買い込んで机の上に積んでいるのだという。思考の視点や思考の方向が常識から離れているのである。

日常生活のなんでもない繰り返しの毎日が退屈だという。朝起きて登校して、昼弁当を食べて、勉強して家に帰ってお風呂に入り、夕食をすませて、寝る、というごくごく誰ものライフスタイルが本人には馴染めない、というわけである。

かといって、何時までもこうはしていられない本能的焦りもあり、高校受験を前に「何とかならないものか？」と親に連れられて面談にみえたわけだが学校に通うことを強く願っているわけでないだけに、取り敢えず「進学」の方向で検討することにした。

先に触れた私立T高校（大分県）では、それぞれの生徒に応じた受け入れ体制を工夫していて、メニューをそちらで書いて注文して下さい、というわけだからびっくりである。この高校には、進学校といえば誰も知らぬものはないN中を一週間しか行かなかったY君も受け入れられ、三年間を無事に過ごし、現役で卒業している。このT高校の所在地の最寄りのJR駅に初めて降り立ったとき、プラットホームに流れる「荒城の月」の時が止まったようなテンポのメロディーを耳にした瞬間、超加速化された時の中に生きていたこれまでの焦燥感が薄れ、ここなら過ごせる、と思ったという。T高校もそういった校風であるので適応するのに、ストレスが少なかったのであろう。

さて、先に紹介の万年不登校生君、入学後一学期間は休んだままだった。一年の夏休みを終え、二学期の始業式からは出席、そのまま登校が何年も続いたのである。途中、突然姿を消すことがあってもまた、学校に帰ってくるといった登校振りであった。

精神遅滞気味や学習障害の生徒でも、いや対人関係の不安感が強すぎて外に出られなかった子どもも、時がくればそれなりに落ち着き、登校も可能となるのである。

だが、どこの学校もこういった若者を受け入れることはない。学校の枠組みが主であって、生徒の事情に合わすことはないのである。

いま問われているのは、ひょっとして、児童生徒の問題性ではなく、その問題性を持った子どもたちを受け入れるだけの体制のなさに対してではないだろうか。

現在、教育支援センター（適応指導教室）などの公的機関や民間のフリースクールを合わせると不登校の児童生徒への支援を行っている施設は全国で一五〇〇以上になるという。学校は拒否しても塾やフリースクールだと行ける子の数も増えてきているのである。例えばの話、心のケアがなされ、とっくに登校可能な状態となっていても、身体のバイオリズムだけは「時差症」的ズレ込みだとすれば、朝の登校は無理といえる。

であるのなら、本人の自覚を持って午前十一時頃だと覚醒していて登校するのに充分の気力がみなぎっているのであれば、その時間帯に学校へ出かけて、そのことで違和感を抱かないですむ学校の受け入れが「可」なれば、沢山の不登校生は救われるのである。

ともあれ、「不登校」という遮断でもって、彼らが身を守っていることの大事さに思いを寄せて欲しいのであるが現在の教育界はそう簡単に意識化できないのも実状である。

「怠け」「甘え」「親の育て方の悪さ」「意識の薄弱」「わがまま」等々の negative な受け止めに終始しているのも否めない事といえる。これほどに「不登校」が社会的な問題として取りあげられているのにも…である。

文部省は「フリースクール」の通所数を出席数に換算していいと言い、時に、通うフリースクールが遠隔地だと在籍している学校が定期の「証明書」を出すように、と指導しているほどであり、かつ現役で受けられなかった中学三年生の長期欠席者に「中学校卒業程度認定試験」の受験資格を認めたなど、積極的に取り組んでいるのである。

遅れているのは「学校現場」なのかも知れない。私は「不登校」の問題をテーマに講演を依頼された時、開口一番次のことを言うことにしている。「不登校生は学校を休むことで即外界からの刺激を遮断して、身を守っているのです。外界の刺激をインプットしてそれを浄化し自分のものにするのには、それなりの活力気力を伴う生体の営みが機能していないといけないのに、不登校の子どもたちにはもはやそれが欠落しているのです。状況が一変しこれまで通り健康な生体の恒常性が維持されるようになれば、外的ストレスを蹴とばすことは可と考えています。生育上のこれまでの親のかかわり方、本人の怠け、あるいは意思の弱さの指摘より先に、まず本人の不安感を減らすために、まわりはいま何をすべきかといった見地から子どもの状況を見て欲しいのです。」

「不登校」は児童・生徒の心の成長のための一つの initiation（通過儀礼）であることのコンセンサスが定着するのを期してやまない。

第五章　アスペルガー症候群との関わり方

二〇〇四年六月一日、九州は佐世保市内の小学校で六年生の女子児童が、同じクラスの女の子に首を切られて殺害された事件のニュースが日本中に伝わると教育界は仰天した。

そうでなくても二〇〇三年七月一日、長崎市内において中学一年の男子生徒が、幼児を立体駐車場から突き落とし殺してしまったという事件が、我々の脳裏にこびりついていたから余計である。

長崎の家庭裁判所は、加害者である中学一年の生徒を、「アスペルガー症候群」として次のように決定文にその経緯を明文化してたのである。

「―中略―　総合して判断すると、少年は広汎性発達障害の亜型であるアスペルガー症候群であると解するのが相当である。

3　本件非行の背景事情および動因

（1）前記のとおり、少年はアスペルガー症候群であり、同障害が本件非行に影響していることは確かであるが、同障害そのものが直接本件非行に結びつくものではない。―後略―」

この事件に関しては私なりの思うことがあり、当時読売新聞の西部本社の編集員からの要請にコメントしたところ、以下の内容で「解説」記事として掲載された。

「長崎と神戸事件

今回の事件でまず思い出すのは、一九九七年に神戸市で起きた連続児童殺傷事件である。十四才の少年が、児童の首を絞めて殺害した後。頭部を切断するなどの衝動的な事件だった。

神戸と長崎の両事件に共通するのは、頭のよい少年という印象だ。捜査陣をあざ笑うかのような神戸事件の挑戦状は、情報の豊富さから三十代の男ではと言われた。少年は、百人一首を一晩で八〇も覚えるなど記憶力は抜群だった。

長崎の事件の少年は、塾に行っているわけでもなく、勉強を一生懸命するわけでもなく夜遅くまで街をはいかいしているのに、学年で九番という成績だった。

神戸事件では、少年を医療少年医院に送致した際の家庭裁判所の決定文の中に簡単な精神鑑定の記述がある。

この中で長崎の事件との関連で注目されるのが『直感像素質者』という言葉だ。鑑定では『この顕著な特性が本件非行の成立に寄与した一因子を構成している』としている。直感像とは、目で見たものを写真のように思い出せる特殊な能力だという。神戸事件に詳しい神戸海星女子学院大の井上敏明教授（臨床教育学）は『一般にこの能力があると記憶力が抜群で、学校での成績が優秀なケースが多い』と話す。ただ、この資質を持つ人間は、ほかの人と感情を共有したり意思疎通したりする能力が低く、学校など集団の中では指示通りの行動や一致した行動がとれない。
このため、『変わった人間』との評価になり、仲間はずれにされたり、いじめの対象になったりする。『こうした周囲の対応が原因となって、孤独や空想を好むようになったり、社会に対する憎悪を募らせたりすることがある』と、井上教授は説明。成績がよくても、学校や家庭で気づいたら、早い段階で児童相談所などの専門家の診断を受けるように勧める。—後略—」
（二〇〇三年七月十二日　西部本社編集委員　岩田伊津樹）

そして三ヵ月後に、この記事を執筆した岩田伊津樹編集委員から礼状が届いた。

「六甲カウンセリング研究所　井上敏明様
過日は突然の電話で失礼いたしました。
長崎のSくん事件では、大変お世話になりました。また、ご親切に著書をお送りいただきありがとうございました。
さて、昨日出た長崎家裁の決定を読みますと、二ヶ月前に井上先生がおっしゃっていた通りの部分が多く、改めて井上先生の慧眼に敬服しております。

新聞の紙面にも掲載されておりますが、同事件の長崎家裁の保護処分決定要旨を参考にお送りします。

また、よろしくお願いいいたします。」

といった次第で「決定文要旨」を見ることができたのである。

今や精神科医の間では、神戸市須磨区の淳君殺害事件の犯人、当時のA少年は「アスペルガー症候群」であるとの暗黙のコンセンサスが常識となっているという。アスペルガー系の障害を持った殺人犯だとする精神科医の鑑定が多く見られるようになったといえる。

しかしながら、長崎家裁の決定文でも分かるように、そうだからといってその診断名と犯罪が直結するものではないと、どの鑑定書にも但し書きらしい文章が盛り込まれているのは、「アスペルガー即殺人」という短絡的発想となっては困るという精神科医や裁判官の懸念がそこに表れているのである。

診断者の資格とは

『高機能自閉症・アスペルガーの子どもへのサポート&指導事例集』という本が学事出版より菊池雅彦氏監修として刊行されている。二十四ページを開くと留意事項として次のような内容が記載されている。

「ＡＤＨＤや高機能自閉症等、障害の医学診断は医師が行うものであるが、教員や保護者は学校生活や家庭生活の中での状態を把握する必要がある。」

とりあえず、自閉の亜型アスペルガー症候群だけを対象にした時、私たちがこの子供がアスペルガー症候群としての診断の枠組みに入る様々な言動特質を観察して、そうであることを認知するわけだが、臨床教育の立場で子どもと接触して確かめた内容と、医師が見るというのと一体どこに違いや差があるのだろうか、といつも疑問に思っているのである。

何ヶ月も待たされ心配と不安でいっぱいの親が、日本で高名とされるＳ博士のもとに訪れて診て貰った時のことをこう話してくれたのには、さもあらん、の感をしたのであった。「子どもを見るなり、『アスペルガーですね。』と、後何の言葉もないのです。一瞬戸惑い、無言のまま突っ立っていましたら、私が疑念を抱いたと早合点されたのか、『私はアスペルガーの子どもを既に一〇〇〇人も見ています。すぐに分かるんです。お宅のお子さんはアスペルガーです。』と言うなり、もう次の相談者との話が始まっていたのです。あっ気ないものでした。それぐらいなら生まれたときから付き合っている私の方がよく分かるわ!!と内心思わず呟いて、来るんじゃなかった、と後悔したのでした。」

この母親の体験は、貴重であり重大な問題をはらんでいるといえる。それは医師が、所見として、顔の表情から文字通り言動の様子で、医師の目に触れ知り得た情報を診断の条件に入れ、有意味とされた負因の数の量の多さで特定不能やアスペルガー症候群となり、ときに広汎性発達障害との診断であり、それははなはだ曖昧なのである。

例えば、寝屋川市中央小学校教師殺害事件の被告人十七才少年の鑑定では、広汎性発達障害までは同じでも、京大の精神鑑定医はアスペルガー、阪大だと特定不能と。どちらもCTやMRIやPET、脳波計、あるいは血液検査や脳内伝達物質の分泌の異常などを調べて、その負因の多さで診断したのではなく、せいぜい心理・知能テスト、問診、成育歴、警察供述調書、検事供述調書など、当人に関する言動情報に基づき検討後、鑑定医の個人的見識・見解で書かれたもので、いわゆる医学的と言えるスキルは限りなく零に近いのではないだろうか。まだ医学的根拠に基づいた客観的データ、例えば脳の損傷やDNA鑑定から診断を下すことはできていないのが実情である。

とすれば、二十四時間密着したカウンセリングや教育に、長年接してきている臨床心理・臨床教育系のスタッフの方が的確な診断ができるのではないだろうか。

この点に関し、二〇〇七年十一月、神戸裁判所にて公判中の「強姦未遂」で起訴されているA被告人に関し、「発達障害系」のパーソナリティと判定した私の心理所見からその一文を紹介しておきたい。

「診断

日本では、心理士が『アスペルガー症候群』あるいは『アスペルガー障害』と診断することにためらいがあります。しかしながら、精神科医師なら的確に診断できるのかといえばこれもまだ曖昧、確実性に欠けるのが実情です。

理由は、医学的検査所見で診断できるスキルが皆無だからです。今問われているのは、①表情 ②態度 ③言動 ④知能 等を勘案して『DSM』『ICD』の診断基準に沿うかどうかで決めています。

でありますと、心理系でも、医学系でも診断では両者とも、決定的違いはないと判断します。その限りにおいて、筆者が長年の臨床経験を前提に、被告人は『アスペルガー症候群』と断定することが出来ます。」

注：二〇〇八年二月二十九日（金）

「午後一時十五分よりの当被告人の裁判法廷で、私は六〇分にわたり心理所見の見解を証言した。そのさい検察官の一人が、既成の心理テスト「ロールシャッハ」などあるが、実施したのか？の問いで、『今あげられた諸心理テストでアスペルガー症候群と判断するものはありません』とはっきり答えたが、検察官からの反論は無かった。」

アスペルガー症候群軽犯罪の奇異と映る心理的人格特性

　草薙厚子著『僕はパパを殺すことに決めた』（二〇〇七年・講談社）は、その前に刊行された『追跡！「佐世保小6女児同級生殺害事件」』（二〇〇五年十一月・講談社）の続編ともいうべき追跡レポートである。『僕はパパを殺すことに決めた』は、N市内の私立進学校T学園高校一年男子生徒が、わが家を放火し継母と異母姉妹二人を焼死させたという、ショッキングな事件の真相解明を狙った内容で、主として警察、検察供述調書及びS精神科医作成の鑑定書を手掛かりにして著した、放火少年の人格解読書のような著作である。

　周知の如く、精神鑑定医が草薙厚子氏に鑑定書、刑事調書等の書類を見せたため、「守秘義務」を犯したとして逮捕されたというニュースが連日記事となり全国に飛んだのである。守秘義務違反で医師が逮捕されたのは日本で初とのこと。少年とその親が訴えた親告罪が成立したわけだが、臨床心理のフィールドで仕事しているものにとってはそれなりに考えさせられるもので、とりわけ診断内容がかなり詳しく記載されている点、アスペルガー系人格の診断に役立つのである。

　S鑑定医の見解によれば、少年の奇異な行動の背景にあるのは、広汎性発達障害の亜型、特定不能群特有の「字義通り性」的認知の偏りにあると断定している。その辺りの診断所見を草薙厚子著『僕はパパを殺すことに決めた』から読んでいただきたい。

「広汎性発達障害の根底にある注意の障害の中には、あることに注意が向いているときは、他のことにあまり注意が向かずに、周りへの配慮に欠くということがある。その程度は病的であり、単なる不注意という程度ではない。特に現前する物や現在の関心事に強い注意が向くことが多い。そして、抑うつ気分にあるときは、この傾向がさらに強まる。

今回の事件を引き起こすには、上で述べた持続的うつ気分・注意の限局と、少年の持つ強迫性の字義通り性が大きな役割を果たす。

事件の理解は、一般的心理解釈だけでは不十分で、こういった広汎性の障害の特徴を考慮して行われる必要がある。」

相手から自分に向けられた言葉をどう受け止めるのか、自我レベルの高い人間ほど、多面的な意味をとっさに思い浮かべ、表情、態度、その場面状況などを勘案し、ひどい言い方でも「自分のことを思って―」とか「この人がこんなことを口にするのは余程機嫌が悪いのだな―」など、相手の直撃的な言葉をやんわり受け止めることで、わが身の心の傷をできるだけ軽くすることに努めるものである。しかし誰もがそうとはいかない。必ずしもアスペルガー人間でなくても、日常的にあり得るその一例を紹介したい。

「そんな人間は死ね!」

成績が良くて、周りから出来る子と見られるのを誇りにしていた自尊心の高い二年の女子高生が、「化学」の時間が思い通りにいかなくて、教科担当の教諭に「私は他の科目ではスムーズに点が取れるのですけど、化学だけはどうしてもうまくいかないのです。どうしたらいいのでしょう?」と尋ねるというより、心情を分かって欲しいといった気持ちで口にしたところ、「そんな人間は死ね!」という、何とも唐突なというか、罵倒とも言える言葉が教師から返ってきて、その夜から睡眠時うなされるようになったというケースである。急性のストレス障害といえる。その後、この外傷体験がいつも意識化されて、不眠・気分変調・身体の失調感、及び焦燥感と不安が固着するといった、「心的外傷後ストレス障害」に陥ってしまったのである。この心的外傷体験は、二年の終わりの三月期末テスト明けの出来事だったため、三年に上がったものの登校できず、一年間まるっきり休むという結果となってしまった。

生徒にとっては、悲劇的な心的外傷体験となったというのに、当の教師は「いやわからん生徒には何時もそれぐらい言っているんです」と、いたって鈍感な対応。その態度に父兄は怒り、学校に抗議したのであった。

教師が「死ね!」と言ったところで、どの子も本気で受け取る筈はなく、逆にやる気を促す言葉、私の口癖だと抗弁したのであった。同じような場面がどの学校にでも、熱心で頑張り屋と評判の教師に見られる風景（？）である。
　カウンセラーとしての私の提示した対応策は、学校に行けなくなった理由が、どこにあるかを学校側に訴え、非は教師の一言、即ち学校にあるのだから、そのための助力的対応をすべきであると要請し、傷ついたその学校内から早く外に出ることの必要性を説き、「まず遮断すること」を提言、症状回復のためには、学校を休んでもフリースクールに行けば日数を確保できる代案を申し出、共に了解がとれたのである。
　因みに、学校側に提出した前者高校生の心理診断書の一部を紹介しておきたい。

診断書
「―前略―　絶対音感の持ち主で聴覚に関して典型的な鋭敏知覚タイプの当人にとって、教科の相談をしたとたん『今頃そんなことを言っているようではそんな人間は死ね』という、びっくりするような発言を耳にしたのである。その瞬間教科担任の顔を見上げると、真剣な表情だったことから、本当に言われたのだとショックを受けたトラウマが不登校の起因となった。いわゆるＰＴＳＤ（心的外傷後ストレス障害）による症状と推察いたします。―後略―」

通所証明

三年生に進級したもののこの女子高生。卒業式以外は一日も登校出来なかった。幸いフリースクールでは少人数であること、加害者がいない場であることが安心感となり、「不安、恐怖、パニック」といった不定愁訴が起きてくることなく、年間一二〇日通所することが出来た。その証明書が以下の内容である。

〇〇〇〇校長
平成〇〇年〇〇月〇〇日
通所証明書
氏名：〇〇〇〇
平成〇〇年〇〇月

|・|・|・|・|・|・|・|・|・|

計：一〇日

―中略―

平成〇〇年〇〇月

|・|・|・|・|・|・|・|・|・|

計：一四日

時間：六甲スクールレス・スクールは、ＡＭ一〇時から始まります。〇〇〇〇さんはＡＭ一一時ごろからＰＭ五時ごろまで通ってくれました。
総計　一二〇日

上記の者、当研究所に記載通りに通所したことを証明します。
注：自主学習の出来る知能の高い持ち主ですので、スクールのスタッフを活用し学力を向上すべく、努力しました。

六甲カウンセリング研究所
所長　井上　敏明

因みに卒業後、彼女は名門大学に合格、すでに二年生となっているが、風邪などの病欠以外一日も休むことなく、大学キャンパス生活に生きがいを感じ、将来は国際的な人道活動の専門職に就くことを目標に、大学通いを楽しんでいるのである。
成績は大学から支給奨学金をもらうほどトップを維持している。

病前性格・内部環境

最近はあまり言わなくなったが、精神医学の世界では、昔だと患者を語るとき、「病前性格」という用語を使っていたものである。「病前」だからそこに至る前、すでにその素地があったというわけである。

前に触れた長崎の少年の場合だと、アスペルガー症候群であるとする診断結果を鑑定によって得られてはいても、判事はアスペルガー症候群だから奇異な行為をしたわけではないと断り書きを入れている。しかし病前性格ともいえるアスペルガー系の特異性との関係は否定していない。

草薙厚子氏の取材によれば、佐世保事件の加害者、小六女子児童は父親や母親から、かなりの暴力を伴う拒否的養育を被ったとある。そういった後天的環境要因も無視できない、と次のように述べている。

「実際、私がこれまで取材をしてきた少年犯罪を犯した子どもたちを見ても、その多くが家庭で虐待を受けた経験を持っていた。神戸の連続児童殺傷事件の少年Aがそうであり、二〇〇五年六月に東京・板橋で両親を殺害した一五才の少年にしても、常々、父親から過度な仕事を強要され、自分は父親から虐待されていると感じていたことが犯行の引き金になっている。

親から虐待を受けた子どもは、暴力を当たり前のこととして容認する傾向が強くなっていくものだ。

A子は父親から躾と称して暴力を振るわれ、母親からも厳しい言葉を浴びせられていた。A子は両親から与えられた精神的、肉体的な痛みをひたすら頭を低くして受け止め、長年にわたって自分の中に溜め込んでいったのだ。そして、溜め込んだものの捌け口を見つけ一気に吐き出した。それがあの事件だったのではないか。」

ところで「KY症候群(まわりの空気を読めないことを言う)」が今話題になっている。こういうキャラクター人間は、まわりから敬遠され、嫌われ、いじめられ、とうとうそのストレスで心の障害を背負い込んでしまう、というわけである。

どの職場にも、いや学校にも、そう見ればKY群は結構いる。では家庭だとどうなるのか。仮に典型的なアスペルガー症候群だとすれば、親子関係を含めての家庭内のかかわりで、何となく異物化すれば親からは否定され、兄弟からも足を引っ張られかねない。だからであろう、アスペルガー系のキャラクターの持ち主で、いまは成人したG氏が「私は何時も親にいじめられていた。でも父は弟だと全然手を出さなかった。何で私だけだったのか長い間わからなかったのですが、アスペルガー症候群の文献を読むうちに私がKYだったので、父親がいつも怒っていたのがわかるようになったのです。」と語った言葉は印象的であった。

佐世保の小六女児の場合、被害者の同級生との間での交流でかなりの曲折があったという報道を目にすると、家庭内で幼児時代、長年にわたって責められ、叱られ、叩かれた理由がわからないまま自我がようやく目覚め始めたとき、親のみならず友達までが同じように私を責めるという、強迫的観念が頂点に達した結果の出来事、という仕組みのようにも思えてくるのである。それも本人がやはりKY系のアスペルガーだからである。まず先に病前性格ではないが、素因があるのである。

私は平成十七年十二月O氏の南部の地裁堺支部の母親殺害事案の裁判で心理所見提出者の証人として法廷に立った。

この殺人事件は、日頃の母子関係の屈折した悪さが背景にあったわけだが、風呂場で異様な騒音をかき立てる母親への怒りが爆発し、パニック状態となった二十二才の一人息子が、黙らそうと風呂場のガラス戸を壊したため、それに逆ギレした母親との争いで、親を包丁でもって刺殺したという事案であった。

警察調書に目を通すと、被告人は幼少から児童、少年、青年期といった成長の過程で、いかにもKY群であったかが一目瞭然であった。青年期に入ってからは、思い通りいかない息子への不満のため、母の過度な干渉となっている様子が述べられている。環境というより、息子のアスペルガー系の特異性が、親の養育態度の歪みを誘発しているというのが文面から伝わってくるのである。

虐待された、いじめられた、と後になって訴える内容は、加害者からするとただの「ふざけ」で、誰もが「いじめ」ていたとは言わない。アスペルガー系の人間にとって、「生命の危険を感じるほど怖かった」という発言内容であっても、そういった人間にはそれが全く通じないのである。

ここに、アスペルガー系人間の持つ鋭敏知覚の特有性というか、特異性があるといえるのである。五感のいずれかに異常なほど鋭敏な知覚を持つ幼児ほど、小心で、怖がりで、泣き虫だったり、逆に変わった行動で平気と思える子もいるのである。

二〇〇七年三月号の『文藝春秋』を開くと、雑誌の冒頭のエッセイ集に「人間の感覚」という表題で、前検事総長・弁護士の松尾邦弘氏が、お若い時に担当された「ピアノ殺人事件」について触れておられる。

氏は検察官歴四〇年間、たくさんの刑事事案を扱ってみえたわけだが、中でも昭和五〇年代の八月下旬に発生した、いわゆる「ピアノ殺人事件」を「事実は小説より奇なり」として、ある男が階下から聞こえてくる小学六年の女子児童のピアノ練習の音が気になり、再三練習時間の制限など促したが、無視されたことも手伝い、とうとう殺意を抱き、母親とピアノ少女とその妹の三人を殺害した事案に関し、「男は自分のしたことの全てを認めており、事件に紛れはなかった。しかし私には、事件の発端となった、尋常ではない聴力についての思い出が強く残った」と書いておいでである。

たしかに、相手の言ったことの一語一句がすぐに思い出せるという人がいる。昔の「語り部」や「ものの真似」で芸を売り物にするのもその資質を持った人間の一例である。しかし、自分に都合の良い音なら心も安静だが不快音として耳に入ってくると、そのストレスは時に神経の疲労を促進し、精神的二次疾患病に至るわけである。「うるさい」と言ってパニックに陥って隣人を脅かすとか、赤ん坊の泣き声、犬の吠える音、機械振動の音を普通の人間の聴覚より一〇倍も感じるからで、音が殺人鬼と化すわけである。

こういったこだわりタイプ系犯人の特徴は、犯行後逃げ出さないこと、逮捕されても状況を詳細に語れること、表裏がないこと、そして困ったことにそのことを「悪いこと」と思わないのである。あれほど注意をしていたのに、ピアノを弾き続けた家族が悪いという発想の回路なので、あまり後悔というのがみられない。逆に、調書を書くための供述を促す担当刑事の質問に快く答え、懸命に聞いてくれる警官に好意的なのだから驚いてしまう。

最近では、二十四才で執行猶予中の男が、相談に出掛けた機関のスタッフにしつこく注意されたと腹を立てパニック化し、室内の器具を壊し、その女性スタッフにも脅しをかけ、手が出るという乱暴の後、「加害者の〇〇です。今〇〇で部屋の家具を壊しました。乱暴もしました。早く来てください」と自ら一一〇番に電話。しかし釈放されてから言うのに、確かに家具を壊した、女性スタッフの胸も押したけど、俺は悪くないから謝罪しないと言い切るのである。前検事総長の松尾邦弘氏の文章にはそのような鋭敏知覚に関して、「この能力は天与のものか、修練によってさらに能力は上がるものか、どこまで達するのか等々、限りなく思いを巡らせることになる。」とあるが、この青年のパニックを誘発したのは、女性スタッフの干渉と、その時の声が引っ掛かったのである。

音楽家系、画家系、調香師系、料理人系などの達人といわれる人ほど、五感能力を必要とされているのは周知のこと。並みの五感ではないので、まわりの人間から「変わり者」扱いされやすい。

よく見られる街角の風景に、竿竹ならぬ「古物類回収車」が繰り返し同じ内容の呼びかけをテープで流し巡回しているのがある。あの声というより音は異常なほど鋭い聴覚者にとってはうるさいどころか、何度も同じことを「俺の所だけ言いに来やがる」と腹を立て、車が家に近づくのを待って飛び出し、野球バットを振り上げんばかりの様相で運転している業者を睨みつけるので、慌てて一一〇番したというエピソードなどよく聞く話である。

余談になるが、特異感覚といえば「共感覚（Synesthesia）」というのがある。耳から音をインプットすると色や形が脳裏に浮かび、色や形を外から感覚に入れると音が出る、という仕組みの感覚の持ち主がいるのである。

有名な話では、アンドレ・ジイドが『田園交響楽』で楽器の音色とカラー、例えばホルンやトロンボーンの音色だと赤・橙色、ヴァイオリンやセロといった弦楽系だと黄色・緑、といった具合に、である。反対に、具象的に物を見ると、同時に音が脳裏に入るという人がいる。しかしほとんどの人間には、そういう変化は起こらない。

我々には起こらないが、自閉系人間によく見られる「サバン症候群」なども変わっている。脳の回路が我々と全く異なる現象だけに、カレンダーサバンと思える人だと、「一〇年前の今日は何曜日？」と尋ねても、ちょっと待って下さいと言い終わらぬうちに「火曜日」と返事する人間、自閉系の一〇％にそういったサバン傾向がみられるのである。

田中富久子医師によれば、「無限の日付と、その曜日を暗記しているのではなく、『一四九年一月二十一日』とか、『三二八六年八月七日』と言われる度に、脳の中に存在すると思われるカレンダーを『見て』いると考えられるのです。」とのこと。（『脳と心のしくみ』）

では何故そう見えるのか。不思議のレベルしか分からないのが、脳科学の解明の現在である。

アスペルガー症候群とは

さて今一度アスペルガーに戻ろう。

自閉症スペクトラムの一つなのだが、広汎性発達障害の亜型であること、長崎市での中学生による幼児殺害事件の家裁決定文の中に、少年の鑑定の結果アスペルガーであるとする前に、やはり広汎性発達障害の亜型だと指摘している。

ではその亜型の一つアスペルガーとは、自閉症特有の社会的コミュニケーションスキルの劣化、相手の言動から発信する意図を掴みかねる、物事、とりわけ一つのことに執着・固着しすぎで、しかも常同性を伴い、エスカレートすると時に飛んだり跳ねたりといった奇異と思える行動を繰り返すなどを伴う。知的には障害に至らない。

脳のどの仕組みに問題があってそうなるのか、未だ解明されていないが、少なくとも広い範囲で人口の一％は占めるという。

私は三つの層で考えている。

社会人の組織の世界で、ヒューマンスキルを身に付けるのを苦手としている人が多い。アスペルガー系だとなおさらである。

場の空気の読めない人は、日本のようなノンバーバルの文化だと、組織や社会の中で孤立していく。偏差値の高い有名大学を出ても、役立たずと厳しく拒否される類の人間の大半はこのタイプである。

企業や役所の組織は、学校や大学とは違う。お金を出して学ぶという立場の人間でなく、働いて金を得る仕事に携わるわけで、そうなると所詮、人間関係能力が試される。それがだめだとリーダーの素地なしと判断される。

ある地方の県警内で十四年目の警部補のB氏は、巡査部長・警部補の昇進のテストでは何時もトップという優秀だったはずのポリスマン。ところが四十三才になって落ち込んでいる。理由の第一は昇進試験の失敗にある。すでに年一回のテストを八回も受けるが不合格続き。理由は採点方法にあるのだという。警部以上は、ペーパーテストが三〇点、内申だと七〇点という割り振りで合格点を決めるのだという。

八回も落ちたというのは、三〇％のペーパーテストには問題なかったのだが、職場の上司の評価がリーダーシップ能力に限界ありという内容であるため、足を引っ張っていたのである。県警内で一番若くして巡査部長テストに合格し、同時に警部補でも一回で。この速さが後になって災いし、プライドが保てず、ストレス解消のためアルコールに溺れてしまったのである。

すなわち、ヒューマンスキルの、言ってみれば、まわりの空気の状況が読めないという、当人の職務態度が警部昇進テストにおいて裏目に出ていたというわけである。

男子高校生の話題を取り上げたい。

G君の所属している高校は、進学校としては後発組である。同じスタイルの学校でも、「東大」合格者一人出すのに二十年近くも年月を要しているのが普通なのに、短期年度で毎年東大合格組が六〇人もと急成長した私立校である。

もともといえば、二〇〇万都市の中では最低のランキング校、どこの高校にも入れない生徒たちを救済する学校だった。私たちの世代では伝統的仏教系の組織が背後にあるからだ、と敬意を払っていたものである。この学校が一挙に進学校へと変身していったのである。それには大きな理由が一つある。

二〇〇万都市で、公立高校の選抜を小学区制にしていたため、大学進学の成績が他都市に比べかなり低く、優秀だとされる生徒の大半が他都市の私学に流れていたことから、校名も変えた新しい進学体制の学校が出来たというので、そこに潜在的秀才群が集まったのである。

当初は昔を引きずっていて、「自動車科」が一クラス存続していたがもうとっくに廃止、それでもかなりの間いくつものコースをレベルごと設置、学園が一つというより、学園の中にあるコース別の(偏差値レベル)学校だった。

中・高の私学界では、「東大合格」を一人出すと、五〇〇人の志願者を集めることが出来るといわれている。その合格の数が増えれば増えるほど相乗効果、今や超エリート大学に合格可能な潜在的力を資質として持った生徒が押し掛けてくるようになったのである。

東大・京大を狙うとしても、実際に受験に耐えるだけの資質を持ち合わせている子どもの数は限られている。パイは初めから決まっているのである。せいぜい三%以内ではないか。となると奪い合いである。東大合格者が多いことで、天下に名を知られたN高校、毎年一〇〇人前後、この数はずーっと変わらない。

この学校を受けて合格スレスレの落ちた子どもが分散して、二番手の受験校に行くとする。こういう生徒がN高校でなくても「東大」を合格する可能性は高い。一人でも二人でも受け皿となった学校は、そのお陰で校内に「祝東京大学文Ⅰ合格〇〇〇〇君」といった垂れ幕を校門の玄関に吊るしたり巻いたりするわけである。そんな鉢巻を校門にかけてとならばN高校だと、校舎をぐるぐる巻きにしてしまい、学舎が見えなくなるのでは、と笑ってしまうほど東大合格一人でも、後発組の進学シフト高は看板なのである。

G君は受験で中学に入り高1に上がった時、アスペルガー研究で権威とされているK国立大のT教授に「アスペルガー症候群」と診断されていた。

G君に限らず、学力偏差値の高い生徒の集まる学校に広汎性発達障害系の「特定不能・アスペルガー型」が目立っているのは周知のことである。最近では、実家に放火して義母と異母兄弟三人を焼死させた高校生の通う学校が、東大・京大へ合格者をかなり出している学校というので世間は驚いた。（奈良県）

更には、福島県の県立では一番手と評価の高校に通う高校生が、母親の首を切断し指まで切り取って、しかもその首を持参して警察署に自首したという、びっくりするニュースが！首を切ってみたかったのだが、たまたま隣に母親がいたので殺ったという。一流とされる県立高校の中で、更に成績上位だった犯人、偏差値の高いアスペルガー系高校生といえる。

こういった高校生とG君を同じレベルで考えるわけではないが、しかしアスペルガー系の傾向においては、それなりの共通特異的因子があるといえる。それは「字義性」のこだわりであり「鋭敏知覚性」の持ち主であり、「不器用さ」である。

G君もこの三つの負因を持っている。まわりの空気が読めないKY系だけに、素早く状況に応じるといったことは苦手、まわりの動きに鈍感、しかし体罰や言葉の暴力には極端に恐れ、更に不器用。

穏やかな柔和な校風ならともかく、いわゆるスパルタ的強圧的な教師の枠組みを押しつけ、その通りでないと仕返しをすることに何の痛みをも感じない、受験優先教師のいる学校だと、ショック体験が募るのである。

中学一年、喜んで入ったG君の成績、主要科目の評価は一〇段階で、いつも「一〇」であったのに、中学三年辺りから、ど〜と下降していった。勉学の疲れもベースにあったのだが、大量の宿題に追いつかなくなったため、教室で生徒たちの前で数学の教師に、分厚いノートの角で頭を強く叩かれだしたのである。何がG君にとって脅威か、大声で叱られるというより、出席簿の角で小突かれた痛さに対してであった。しかもまたされるかの不安の先取りもあり、そのストレスが忍耐の限界を超え始めた頃から、まさに「無気力」となってしまったのである。では暴力教師とG君には映る数学担当O教諭の何が問題であったのか?

スパルタ教師とアスペルガーの子ども

子どもの塾学習に古くから「公文教室」がある。沢山の児童・生徒が通っているのだが、しかし頭の良い子ほど馴染めずすぐにやめてしまう。理由は簡単、わかったことを何度も繰り返す問題解答に嫌気がさすからである。

算数や数学を学ぶことは、「数式」の世界に触れるのがおもしろいからで、そこに発見もあって次のステップに進む喜びが優秀児の意欲を駆り立てるのだといえる。ところがステップを上がるのに、たくさんの同じレベルの問題をやらないと駄目、となると無駄だと思うのだろう、止めてしまう。当然といえば当然、所詮は子どもを一律に捉え、練習効果を前提とした学習方法こそ才能を伸ばす唯一の手段だと、お題目のように繰り返している教室に問題があるといえる。これではひらめき型の才能派ははなれてしまう。

さてG君だが、頭を小突かれて怖い体験を（それも教室の中で）幾度もなく重ねているうちに、強迫的な心理に追い込まれるのだが、そのつまずきは数学の宿題の量の多さというよりも、解答は当然として、解く前に必ず問題文章を書くことの負担にあった。

G君にとって恐怖だった数学教師のビリーフは、解答を解くカギは問題文にありとしてそれに固執していた。問題文を見てすぐに分かる生徒には、答えだけを記載させれば分量の多さの負担が少しでも軽減するわけである。

G君の苦手の背後に「不器用さ」があることは先に触れたのだが、筆圧が弱く写すことが学習障害風のハンディを持っていて、解答はすぐ頭脳に浮かぶだけに、手間のかかる問題写し作業はG君にとっての負担、いやストレスにもなっていた。そういう生徒ならば文章題を写すことを免除してやればいいのに、書いてないという理由で罵倒され小突かれていては、数学の時間は地獄と化すわけである。

数学はいつも一〇の評価でトップクラスだったG君、無気力からうつ状態にまで陥るという最悪なところまで追い詰められていったのである。

親はその辺りの事情が呑み込めないまま、わが子に非ありと思ったのか、当初心療内科にG君を連れて行ったところ、「うつ症」と診断が出た。医師も、学校状況の大変さを担当教師に伝え配慮を頼んだ方がいいと助言。親が担任を通してお願いしたところ、担任は「僕もあの先生はやり過ぎ、生徒には負担だと思います」との返事。しかも「親御さんの意向をきちんと話します」と約束して貰ったのだが、問題教師の振る舞いに何の変化もなかったのだという。

この教師は有名進学校をなぜか辞めて、G君の学校に来た転職組であった。スパルタと繰り返しの法則に基づく強化学習こそ、超エリート大へのパスポート確保のスキルという心情を抱いていた教師であった。言い換えれば、東大・京大合格予備軍を前にして、スパルタ方式のワンパターン学習こそ才能教育と勘違いをしているのである。

頭を固いノートの角で小突くことで怖さを体験させ、強迫的対応で能力が伸びるというものではない。能力の個人差というものを前提にして教えるところに、教師の専門性が問われているのではないか。

G君の所属の進学校の東大・京大合格者数増大の背景に、この恐怖学習法が隠されていたからだろう。大学合格後の挫折組が、他の進学校に比べ著しく多いといわれる。

それに反して、同じ都市の北西に位置するキリスト教系の進学校は、まことにおおらか、生徒の自主性を尊重、決して変なせっつきはない。宿題しないからと責めたり、点数が悪いからといって生徒が教師に脅かされることはない。本人のやる気に任せているその校風で、沢山の一流大学合格者を出しているのである。三年間の、六年間の学校生活は楽しかった、面白かった、勉強することがどんなに役に立つか分かった、という卒業生の声が多いと聞く。

私は、G君が三年間も続いて高校の一年生を続けていては改善されないので、いい加減ケリをつけ、新しい方向で対応を考えてほしいと学校を訪問、校長、教頭に交渉した。その話の途中、次のようなことを言ってみた。

「G君は、同じ市の北西にある進学校にも、こちらの学校と同時に合格したんですよね。もし仮にそちらの学校を選んでいたら、今年の二月には卒業と順調だったと思うんですが、率直なところを聞かせてくださいませんか」教頭の率直な返事が、「そう思います。あのような鋭敏で繊細な才能ある子は、向こうの学校はゆっくりやりますから、無事に六年通えたと思います」であった。管理職である教頭、校長には、スパルタ方式のプラス・マイナスを天秤にかけ、脱落していく生徒より東大・京大合格者の数にウエイトを置いて今日に至っているのがよく分かっているのである。

皮肉なことに、公式通りのマニュアルを覚えてしまえば迷いのない学習法は、「字義通り」を旨とするアスペルガー系人間には、安定感を抱かせるという点ではプラスである。それは進学校通いで有名大学に合格できる方法であるともいえる。

ところが、字義通り、字面通り受け取り過ぎて、言われたこと、指示されたそのままをやるとして、仮に行き詰まれば、「このあたりでちょっと手を抜いて」というわけにはいかないので、「常同性」というアスペルガー人間特有なキャラクターに引きずられ、飽和状態に陥るまでやり続けるのである。

先に触れた進学校で、三年目の一年に籍を置いている彼も、数学の宿題の一つ一つの問題写しに疲れてしまい、親にでも代筆して貰えればいいのにそれが出来ず、気力を喪失してしまったのである。面倒だと思えば親なり誰かに写してもらい、要は解答さえ間違わなければいいのだから、「段取りよくつまずかないようにするよ」と母親が当人に声をかけていたそうだが、融通の利かないアスペルガー的キャラクター故に、結局一人で頑張り続けた結果ダウンしてしまったのであった。

ワンパターンの好きな常同性的アスペルガー

そういえば、やはり大阪府下の私立の進学校S高校を六年通い早大に合格したのだが、学年は四回生になっているのに、ほとんど単位が取れていないというアスペルガー青年のT君が母親と同伴、来談に見えたことがあった。それが奇妙なことに話し合っている間、両手を条件反射的に「パッ」と上に挙げるのである。その感覚は三分おきぐらいであった。最初はびっくりだったが、本人曰く、「あの学校の六年はよかった。毎日テストだったので『テスト』と先生に言われると、鉛筆を手にし、両手を挙げ体制を整えると気分がよかったのです」と。

彼の通うS校の特色は、学習思考で言うところの「頻数の法則」が第一と、連日小テストを実施する中高として有名になっていたのである。その割には、先に紹介した急速発展的学園の足もとにも及ばないバラつき大学合格、生徒の努力の割にしては気の毒な結果を呈しているのである。

さてこのような進学校にピタリと嵌ったT青年、早大に入学はよかったのだが、昔ほどではないにせよ早大特有の校風の「独自性」に馴染めなかったのであろう。有名人で早大卒ほど「大学に行かなかったこと」を自慢、しかし自分の志にかなう分野ではとことん勉強したという自負心を語っているが、今でも根付いているのではないだろうか。自由や独自性をよしとする大学だと、「指示待ち症候群」人間の居場所はない。同じアスペルガー系でも偏ってはいるが、ある分野で才覚を発揮することが可能という人間にはピタリでも、何から何まで指示待ちとなるとキャンパス生活は惨めである。

T青年の戸惑いは、卒業した進学校のような決められたコースに乗っかるということが出来ないとことにあった。気がついたら、もう四年目に入っていたのである。

目の前のT君の三分おきの両手挙げは続いている。やはりおかしい。チックだから仕方ないにしても、これでは人間関係も行き詰まる。「ウエイトリフティングの競技に向いているね」と尋ねてみると、「入部している」という。しかし続いていない。「僕の生きがいは、あの小テスト直前に先生が『テスト』と声をかけるその瞬間にあったと思います」。何時も「よしやるぞ、と両手を挙げてはペーパーに向かった」のだとのこと。これが一年三六五日の如く、六年も続いたのである。アスペルガー特有の「常同性」傾向のキャラクターの証左の一つといえよう。

この常同性は学者の世界に通じる性癖である。研究テーマを決めて、一筋に追い求める、そのいわばストーカー的取り組みがあってこそ、研究成果が得られるのである。

日本で初めてコールタールの皮膚刺激でガン細胞を人工的操作的に発生させたとされる山極勝三郎博士の努力というのは、単純な作業の繰り返し、それも何年先かはっきりしない状態でのこと。辛抱していたのでは長続きしない。それに固執することが、時に快感と言いたくなるような、そのような常同性的行為が続いた可能となる生理学者の過程なのである。これは「根気」というようなものではない。あたかもあの歴史的な医学者・野口英世の研究振りとそっくりだったのである。

野口英世の奇異なエピソードは多く語り継がれているわけだが、私などのようにアスペルガー的キャラクターに関心を抱く人間にとってはまさに正真正銘の人物、一つのテーマに「念」がいくと一週間は着替えることなく、そのままの姿で仕事をやり続けたとか。きっと眠るのも惜しくて、当面の問題意識に操られ、何かに取り憑かれたような雰囲気で、研究に没頭していたのではないだろうか。

昔から「寝食を忘れて没頭する」という言葉がある。意図的、意識的に、のレベルではそうはならない。やはりその思い込みがノーマルといった範囲を超え、時にそれは病的に近いと言われても仕方ないものになる。熱中、熱心とはいっても、一週間も着替えをすることなく研究室に閉じ籠るというのは、兵士が戦闘のため食うや食わずの時をするのとはわけが違う。

しかし、このような仕事振りに我が身の生理を忘却するほどとなると、必ずそのつけはやってくる。多くが「疲労症候群系」の疾患である。免疫力の低下を招き、「疾患」の登場となるのである。それは「無気力」的状態に陥るのが一般的で、生徒だと不登校、社員だと出社拒否、妻や家族への気遣いの行き過ぎだと帰宅拒否、ということになる。

例えば、アスペルガー症候群、注意欠陥多動症候群などに詳しい心療内科医によると、中年の精神疾患にはこのようなリスクファクターを背負った人間が、人格統合失調や気分障害という精神症状で悩む者が多いとか。これを二次的疾患と言っているのは周知のことである。

二十六才のZさん、時々家庭のトラブルでパニックになり、手がつけられないと困っていた周りが、本人の一番信頼している叔父に来て貰い付き添われて精神科のある病院へ出掛けたところ、「人格統合失調」の疑いありと診断され身内がびっくり、セカンドオピニオンをと精神科医の個人の医院に出向いたところ気分障害の疑いとの話、事柄によって対応に行き詰まるのでパニックになるのは、生真面目人間の極度のパワー不足で周りから言われるというか、干渉されると必ずパニックになるのだとのこと。二人の医師の指摘は対人関係能力の稚拙にありであった。

本当はどうなのだろう。やはりアスペルガー人間特有の常同性、固執性の極度な偏りが起因していた、というのが本当の問題ではなかったか。

KY症候群と異才

さてこの辺りで、私が問題にしているアスペルガー的人間の診断の目安を指摘しておきたい。一九四四年、ハンス・アスペルガーが「自閉症的精神病質」を発表、一九八一年のローナ・ウイングがそれを問題視した「アスペルガー症候群」の特異的な共通項は、何といっても「自己中心的執着・固執性」にあり、同時に鋭敏知覚と外界の刺激や情報の受け止め方の回路の差異性から来るパニック現象の頻度の高さで、周りとの共同生活で適応障害に陥りやすいということである。

結果的に、こういったキャラクターの偏りがKY症候群（周りの空気が読めない）化し、人間関係の上で支障をきたしているのである。

私は、アスペルガー系人間の特異性を分かってもらうために「回路が違うのだ」と説明しているのだが、これはやはり理屈では了解しがたく、体験的な彼らとの二十四時間というか、四六時中のお付き合いで辛い、かなわない、腹立たしい思いを経験して始めて分かってくるものであるということを痛感しているのである。

二〇世紀の大哲学者、前半ではM・ハイデッガー、K・ヤスパース、J・P・サルトルなど実存哲学系の名前が挙がってくるが、その後に続く哲学者の筆頭は何といってもルードヴィヒ・ヴィトゲンシュタインである。数学者でありかつ哲学者で、かの有名な「論理学的思考」の論文は、それぞれが短くナンバーがうってある。ナンバー、書き方も命題的項目を挙げるだけ、これが論文？と思いたくなる内容である。しかも二〇世紀で突出している哲学者ヴィトゲンシュタインの奇行は、後に何人もの医師や評論家などが取り上げているのもよく知られていることである。とりわけ、身近な人間関係で死ぬや殺すのパニックに陥ったり、小学校の教師をしていたその間、白血病の児童（十一才）の頭を強く打ち失神させ、それが原因で教師を辞めるといったエピソード。しかしまた、第一次世界大戦ではオーストリア軍の兵士として前線に従事、飛び交う流弾を怖がることなく勇敢に戦ったとか。それは丁度、頭上の銃弾に少しも怯むことなく優秀な伝令兵として勤めを果たしたA・ヒットラーにも通じる恐れを知らぬ回路の持ち主ともいえよう。

あるいはまた、一四九二年一〇月一二日に新大陸を発見したコロンブスのような冒険家の恐れ知らずにも似た、常識をはるかに超越した感覚の持ち主、彼らは多くの人間と異なった認知回路を持ったキャラクター故に偉業を成し遂げることが出来たともいえるのである。

こういった天才群（それも時に狂気とさえ思える）に共通しているのは、やはりサバン系であり、更には自閉的自己中心のパニック系特有心理状態に陥るという共通項の持ち主ということが出来るのである。

そのように認知してみると、裏表が無い、純粋で透明、抜群の直感像や絶対音感の持ち主でかつ長期の記憶力にたけ、不器用で人付き合いは悪いが初志貫徹では突出、常識を恐れない思い切りの良い行動力を持ち合わせているため、この世の混乱期にはリーダーとして大衆から指示されることも多々あるのである。

私は、児童・生徒の不登校生のカウンセリングを何十年も引き受けて今日に至っているのだが、今から振り返ると文字通りの「高機能自閉」、とりわけ広汎性発達障害とされる分類の中のアスペルガー症候群、ないし特定不能群とお付き合いしていたのだとしみじみ思ってみるのである。

私が主宰して二〇年以上を経過した「六甲スクールレス・スクール」を通過していった何百人もの若者たち、中学や高校はつまずき挫折したものの、大学進学後は一人として脱落していないのである。

何故か。先に挙げた特異なキャラクターであっても、小・中・高の同世代集団で、しかも一つの教室内に拘束され、閉塞的に生活しなければならなかったストレスから脱却しさえすれば、大学では水を得た魚である。大学は高校のように同学年制でなく、無学年制であるためキャンパス内の解放が拘束感を排除してくれているのである。

アスペルガー系人間のリスクファクターの最大は、「ヒューマンスキル」が頭の回路としてインプットしにくいところにあるが故の適応困難である。周りの人の心が読めないということになるのだが、自分の関心事に固執するので、自分を取り巻く他者とのかかわりに気がいかないため、突然・突発的に周りを無視して無遠慮に、厚かましく等々の言動と映り、その結果敬遠され、うとんぜられるというストーリーになっていくのである。

複合的アスペルガー

例えば、授業中、教諭の話をしっかり聞いているのはいいのだが、自分に関心のある言葉、事柄が飛び出すと、瞬発的に質問の声を発して、その場の空気を壊してしまう。しかし本人は納得いくまで粘り強くこだわるから、余計嫌われてしまうというわけである。

大学三回生のQ君が小学二年の頃を思い出して、あの時の叱られようは昨日のように覚えているという。

「先生が金魚の話をしたので、日頃見ている家の金魚の泳いでいるのを思い出して、席を立って金魚の真似をしたんです。僕のこだわりですね。『金魚』と耳にしたらじっとしておれないのです。いきなり立ち上がってクネクネ、両手をバタバタさせて身体を動かして教室内を歩いたら、こっぴどく先生に怒鳴られてびっくりしたのです。これは注意欠陥多動性の傾向というのですか、それともそのことにしか気がいかないというか、放っておけないアスペルガー的なのか、ちょっと自分でもわからないのです。」

Q君はインターネットの検索で診断法が出ていて、質問項目にチェックを入れたら、注意欠陥とアスペルガーが出てきて迷った。「本当はどちらか教えてほしい」との主訴で来談したのである。

Q君は、小・中学校共登校難渋、H県立高校入学後教室内に一日いることが年々苦しくなり、二年の二学期後半から不登校。絵画・イラストに興味・関心が強く、美系の大学の進学を目指すことで、大学入学資格検定を受け、同時に絵画教室にも通い、芸術大学に合格。幸い大学生活は順調に進級。ところが、これまでピアノ、バイオリン、ドラムを趣味にしていてバンドを組んで音楽に関心が向き、自分の適性は何かと考え始めた丁度その時、性格分析診断の内容が検索で見つかり、その評定尺度で注意欠陥系とアスペルガー系が出てきたので迷っている、というのであった。

面談の途中Q君は、「ちょっといいですか?」と断り、隣の部屋のピアノに向かい即興の演奏をし始めたところ、情動を触発するメロディとジャズ風の歯切れのいい演奏振り、これはいけるなぁとQ君の音楽的資質に惚れたのである。気分良く弾いてリラックスしたのか、「ピアノもいいですね」とカウンセリングルームに帰ってきた。

「君のピアノタッチはジャズ風だね。どちらかといえばジャズ音楽のプレイヤーは注意欠陥多動系でないと、あの世界は乗り切れないのだけど」と話し掛けると、Q君の言うのには「僕の好きなプレイヤーといえば揃って多動風ですね。分かりますわ」と。「このところ気分がふさいで落ち込んでいたので、それもあって来ましたが、今ピアノを弾いている間に楽になりました。僕の心の癒しは楽器ですね」

金魚の泳ぐ真似を授業中、突然に席を立ってやって見せたというエピソードが、これでよく分かるのである。「一体、どうなんでしょう?」の質問に、私は「まさに表裏一体、エジソンタイプかも—」と答えたのであった。

キャラクターの中心にアスペルガー系の資質が、しかし外に表出される彼の言動は多動系である。母親には、軽薄でしつこいと小言を言われるという。美術作品の制作をやりだすと、一週間は止めない。しかし、その後のリアクションがきつく、身体を動かさないとハートブレイク、ちょっとしたことでもパニックになるという。

小学校や中学校の教師の人物評は「情緒不安定になる」であった。それでよく叱られていた。しかも朝から一日、教室の中にいるのはまさしく拘禁反応、ストレスに耐えての小・中で限界、高校は続かなかったわけである。

それが大学だと、すでに三年、四月には無事に四年に進級するのだという。幼小中高時代の自分には考えられなかったと、どんなに学校生活が苦しかったか。それで家では親に当たり、下の二人の弟や妹にも横暴で部屋の壁はボコボコ、穴が開いていたとか、足で蹴ってウサ晴らしをしていたのである。

Q君には、不登校、中退、大検、大学の道程が心の病に至っていないで済んだベストのコースだったのである。しかし現実の学校環境下では、それは逸脱である。いわば適応障害ということになる。しかしこれは、学校復帰を前提とするからそうなるので、本人の内的枠組みを優先させれば、別段問題となるわけではない。

いわゆる「世間の常識」のカテゴリーから外れていただけ、本人には学校を辞めることが王道だったのである。これを、勝手なことをする生徒と言ってしまう教師がごまんといるから困ってしまう。

そういえば、中学校二年の二学期から不登校になった、現在写真家として国際的にも評価の高いS君の言葉が蘇ってくる。

「僕の中学校生活は後半ずーっと不登校でした。卒業式には出る事が出来ず、校長室で一人だけの卒業証書授与式でした。高校は県立の通信高校を決めていましたが、その時の学年主任の先生に、どこに行くのか聞かれて『通信にしました』と答えたら、『そんなところ行ったら人生終いや』と言われたのです。その時一瞬思ったのは『見ておれ、お前より立派になってやるぞ』と、心の中で大声を発していたのです」

さて、二〇〇万部を超えたといわれる大ベストセラー田村裕著『ホームレス中学生』（ワニブックス 二〇〇七）は、何故に小学生から高齢者までもの幅で売れているのだろうか。少し時間が経過しているが、まだまだ新鮮さを失わないホームレス中学生だった、という田村裕氏の人柄や裏表なく素直に心情を吐露しての、一見稚拙な筆致とはいえ、読む者の心のひだに触れるものがあるので、二〇〇万部もの読者を掴んだのかもしれないと思ってみるのである。

二〇〇万部売れた本の主人公は

さて、私がここでこの著書を取り上げたのは、文中にある父親が三人の子どもたちに破産の告知をしたその時の問題の言葉である。その場面を田村裕氏の筆致から推測してほしい。

「待ち人きたる。

お父さんが帰宅（?）というか、とりあえず帰ってきた。笑っているわけでもなく、怒っているわけでもなく、かといって真顔でもない複雑な表情を浮かべていた。

お父さんは僕たち三人を二階へと連れて行き、クロス状に張られたテープの前に並べて、まるでバスガイドの名所案内のように手のひらをテープに向けて、こう言った。

『ご覧の通り、まことに残念ではございますが、家のほうには入れなくなりました。厳しいとは思いますが、これから各々頑張って生きてください。……解散!!』

か・い・さ・ん?あの遠足の時に使われる解散?ということは、家に帰ればいいのか?たった今その家に入れないと言われたとこなのに?全く理解できなかった。

お父さんはそれを告げると足早にどこかに去っていってしまったので、残された三人で行動して何とかする方法を考えていこうと言った。

僕は依然として状況をほとんど飲み込めていないままだったが、このまま一緒にいるとお兄ちゃん、お姉ちゃんに迷惑が掛かることだけはわかった。

『僕は、一人で大丈夫。なんとかするわ』

怖くて不安で、『一人にしないで』と言いたくて仕方なかったが、必死で耐えた。中学生でも働こうと思えば働けたとは思うけど、当時の僕にはその発想が全く無かった。一人になることだけが、なんの生産性の無いただの浪費者の僕にできる、唯一の兄姉孝行だと考えた。」

これが本当の話であるとすると、随分「冷たい人」というより、「変わった父親」と読者に映ったのではないだろうか。

中学二年生だと当人も分からなかったのかもしれないが、本当に戸惑ったのであろう。文中にその様子が描かれていて、思わず「えぇ？それでどうしたんだろう」と引きずり込まれてしまう、そんなエピソードの連続が二〇〇〇万部も売れている理由なのかもしれない。

それにしても「解散」とは、まさしくかいさんせねばならぬわけだが、それで父親は姿を消してしまい、この物語では母親の亡霊は出てきても、最後まで現れないのである。まことに不思議な「お父さん」が書かれていて、この父親ってどんな人格像なのか、著者に直接会って確かめたい、そんな強い思いを抱いたのである。

それにしては三人の子どもさんたち、まことに立派!!としか言えない見事な父親離れ、驚いてしまう。

情動の世界の認知でちょっと普通の人と違うと言っても過言ではないのではないか。強いて言えば、

「アスペルガー」的発想の人と推測しても問題ないのではないかと考えるのである。

そういえば、日本人の多くに馴染み深い「良寛」和尚のエピソードも相当なものである。『良寛　逸話で綴る生涯』(安藤英男著)によると、七〜八才の頃、父親に叱られて良寛は納得しなかったのか、父親を上目で睨んだのだという。素直でない我が子のことで腹を立てたのか、父親は「親を睨むやつは鰈になるぞ」ときつく叱責したところ、良寛はまさに文字通り、字義通りに受け取ってしまったから大変。この本の著者はアスペルガーの知識は多分皆無、私のような疑心暗鬼でなく、ありのままのエピソードを次のように記述しているので、その一文を紹介しておきたい。

「正直者の良寛は、それを本当だと思った。そしてもし鰈になって陸地にいたら、干上がってしまうと考えた。鰈になれば、水を離れては生きてはいられないし、魚屋に捕まっても困る。そこで、あわてて海岸へ駆けていった。そして、波打ち際まで来て、まだ鰈にならずにいたので、ほっと安心はしたが、鰈になればもう家へ帰れない。母や弟にも会うことが出来ない。悲しくなって、むせび泣きながら、それでも鰈になったらすぐ海に飛び込もうと思って、そこにしゃがみこんで、いつまでも待っていた。

良寛の家では、日が暮れても良寛が帰らないので心配し、心当たりの家々を尋ねたが見当たらない。そのうち、良寛が泣きながら海岸に駆けていったのを見た人があるので、母の秀子は海岸に行ってみると、良寛が波打ち際で、じっとしゃがみこみ、海を見つめていた。

『栄蔵、栄蔵』

と声を掛けても、

『はい』

と答えただけで、一心に海を見つめて動こうとしない。母は良寛のそばに行って、

『こんなところで何をしていますか。早くお帰り。みんなが待っているから』

というと、良寛はだまって泣き出した。

『どうしたのだい、何が悲しいの』

と聞くと、

『僕は、まだ鰈になっていないかい』

といった。

『鰈になるって、何を言っているのだね』

『だってお父様が、鰈になるとおっしゃったもの』

　そこで母は、はじめて良寛の考えていることがわかった。

『それはね、お前の上目を使う癖を直させたいと思っておっしゃったのだよ。お前が上目をつかうことがわるいとわかれば、鰈になんかならないのだよ』

『鰈にならないでもいいの、本当なの』

『鰈になんかならないのだよ。ああ、お家へお帰り』

母は良寛の正直にあきれて、泣き笑いしながら、手を引いて家へ帰った。そして良寛の父に、

『あの子には、心してものを言わないと、とんでもないことになりますね』

と語った。」


冒頭に出てくる著者の言葉、「正直者の良寛」とあるのは、幼年期の良寛が文字通り裏表のないアスペルガー特有のキャラクターであることを指しているといえよう。

以上、事例・エピソード・手記などから、さまざまなやや特異と思ってしまうキャラクター、それも「アスペルガー症候群系」の内容に触れることの出来る資料をまとめてみた。私たちの日常生活の中で、まわりをぐるりと見渡して、あの人、この人のことと思いを巡らすと、必ず「ちょっと変わってるな」と感じてしまう存在の人が見えてくるものである。筆者の拙文の狙いは、アスペルガー系の人を特別視するのではなく、日常生活の中で視点を変えて眺めてみると、「変」なのではなく、それが、あれが、特性であり個性だと思えるような、おおらかな人間の見方を教育の世界で、もっと注視してほしいと願うところにある。

精神的・心的疾患の手引書である、「ICD」や「DSM」で記載された文章を振り回して診断するのではなく、体感というか、そういう傾向の人とのかかわりの中に、現実像を見ることがいま重要と思うのである。

臨床教育、臨床心理のフィールドで、というより日常生活の中の特性について考えが及ぶといった意識を持つことで、特別支援教育の何であるかを知ることが求められているといえる。

比喩的に言えば、アスペルガー症候群系の人を分かろうとすれば、接することからスタートさせることである。そこを原点にしないと、本当のところ掴めない。

抽象的文章でまとめてある、定義で字義的に読んでアスペルガーが解る筈がない。その言葉の一語一句のその向こうに、さまざまな事例が、エピソードが内包されていることが分かる臨床的体感が求められているのである。その定義の行間から人物像が浮かんでくるのでなければ――。

臨床教育学の視点から、二〇〇八年二月二十三日朝日新聞（大阪本社）が「大学で特別支援教育」と題して、大学の学生の事例を取り上げ記事にしていた。

私は、これまでの体験で言うと、偏差値の高い学生の多い大学ほど、アスペルガー症候群系が多いと推測している。初めから、アスペルガー症候群の生徒が受験しますと学校側が言う筈はない。結果的に理数系に多く集まるのである。進学校で評判の良いところほど、結果的に送り出しているといえる。

人口の一％前後は間違いなく存在するのであるから、もし偏差値の高い子がよく出来る子として世間で羨むコースを辿っていて、アスペルガー人間に見えても、だからといって、別段変でも異常でもない、ごく自然の成り行きである。

臨床心理の実感でいうと、そのような特異性が理由で適応に支障をきたしたという例では、親なり近親者に同じような内部環境系の身内がいて、しかもその人たちの職業は、偏差値が高くなくては得られない有資格者が多いのである。先に挙げたG君の父親と叔父は、共に有名国立大学系の医学部で、この二人の母親は学校の教師で、飛び抜けた才媛だったが、対人関係では変人で評判が高かったという。

いま一例紹介しよう。

二〇〇七年十一月の中旬、中学一年の一人娘のことが心配、アスペルガーではないかと父親・母親の三人が揃って四国のM市からみえた。父親は国立大学の理系の教授である。相談のきっかけは、母親の我が子の育て方での疑問、アスペルガー症候群的わが娘との対応について、どのような心構えが必要なのか、更に娘以上に夫のことも気がかりなので、率直な助言を得たいというのであった。

母親の言うのに、娘の養育で、夫と対立することが多いとのこと。夫婦喧嘩が絶えない、何とか和解したいとのこと。例えば夫は、「ああいう娘だから放っておいたらいい」という。私は「今のうちに矯正しておかないと、この世では人間関係でつまずきっ放し、生きてはいけないから何とかせねば」、と突っ張るので余計衝突するのだという。

そこでとりあえず、アスペルガー的内因傾向の度合いをあらゆる視点でチェックできるインベトリー用紙を渡し、両親に各自チェックしてもらうことにした。結果は私の予想通り、父親がズバリ、アスペルガー症候群の人間と推測できるだけの優位性のある得点が、次の項目の因子で顕著だったのである。

触　覚‥

皮膚など感じやすい。猫舌だ。

聴　覚‥

ちょっとした物音でも目を覚ます子供だった。

味　覚‥

微妙な味を感じることが出来る。料理の味付けは上手。

嗅　覚‥

いろんなものをつい嗅いでしまう。

共感覚‥

直感は鋭い。物の良し悪しは感覚を頼りにする。
興味・関心の狭さ：
いったん決めたことは、快・不快（好き・嫌い）を考えず機械的にやり遂げようとする。
過度に几帳面なところがある。
情動の感覚：
何かしているときに途中で邪魔されると腹が立つ。
共同注意の的を持つ：
親しい友人はいないか、ほとんどない。
情動の共有・表情の見分け方：
人の好き嫌いが激しい。
認知的能力：
長期記憶に優れる。昔のことを詳細に覚えている。

さて、三人で四国から来談されたのであるが、母であり妻はいつも叱り役、娘と夫は叱られ役という二対一の家族の人間関係、子供の成長と共に母親のヒステリー度がエスカレート、次第に夫婦間もギクシャク、これでは先行き不安ばかりと当研究所に見えたのであった。

来所しテーブルについて開口一番、母親曰く「この娘は何度言っても直そうとしないのです」と。何を直させたいのか、ズバリ、娘のキャラクター、いうなればアスペルガー系の気質が受け入れられないという思いに立脚した主訴であった。即ち、そういう気質はだめ、この世で生きていけないから、今のうちに矯正しますといった正義の士のような発言でもあった。

H．アスペルガー博士が一九六五年十一月訪日、第六回日本児童精神医学会（東京）での講演内容が一九九六年の「児童精神医学とその近接領域」（VOL．7）に原文で掲載されていて、その和訳が精神科医の油井邦雄医学博士によってなされた「精神科治療学」（二〇〇八年）「特集・アスペルガー症候群と統合失調症辺縁群（講演紹介）」の内容で、アスペルガー症候群は「父親からくる遺伝が明らか」で「何世代にもわたって続いた知識人の末裔です。自閉症の家族は、平均的な人口よりも長期にわたって都市に住んでいたことから、このようなタイプの大都市という選択的要因が実証されます」と記されている。

H．アスペルガー博士流に言うと、アスペルガー相談でみえる親の職業は、私たちが接する限り、医師系・学者系が圧倒的に多いといえる。

四国から来所された三人家族のケースでは、父親の家系は理系の研究者・教師・大学人である。母親の身内にはそういった類の職業の人はいない。父親は自らアスペルガー的であることにアイデンティティを、同時に娘が我が身の生まれ変わりであることも当然と受け止め、かつ妻はこれまで夫の

「放っておいたらいい」という口癖のルーツがわかり、我が子の変わりよう、奇異性は「今日から個性」として受け取り、「何かあれば主人の意見を尊重します」と言って、安堵の表情で三人ともいそいそと相談センターを出ていかれたのであった。

何かあればいつでもと言っていたのだが、一年を経過すれど、今のところ平和なのか、音沙汰なしである。

私のかかわり方のポイントは「まずそのことを自ら知り、認め、同意する」ことである。ではどのように知ることが偏見の渦に巻き込まれているアスペルガー理解の現状を脱皮するか、私なりの考えを提言したい。

今から一〇〇年以上前に生まれたドイツの有名な精神医学者エルンスト・クレッチマーの気質類型論は、周知の如く、疾病・病質・気質の三点構造の主張にあった。分裂病・分裂病質・分裂気質という三層の構造を提示したことは、誰もが知るところである。まさに、病理的類型論と称されるもので、分裂病・躁うつ病・テンカン病がそのベースになっての気質論の展開であった。

大昔の論述ではあるが、今も間違いなく臨床の心理分野的、医学的分野において、その考えに基づいた考え方を応用し、とりわけ臨床心理系の人間には、まことに役立つセオリーの提言であった。と同じような骨組みで推測するアスペルガー気質（Asperger temperament）もあっていいわけである。

ハンス・アスペルガーの一九四四年に発表されたオリジナルな精神分裂病質論こそ psychopath の

レベルでの研究論文、当然disorderがあって、temperamentが構造上一つになっていても問題ないと私は考えるのである。

それ故中核に、disorderを、またsyndromeを、更に外枠をspectrumと構想したのだが、いかがなものであろうか？

天才哲学者クラスのスピノザ・カント、ヴィトゲンシュタインや、音楽家のモーツァルト、ベートーベン、バルトーク、物理学者のガリレイ、ニュートン、アインシュタイン等、総じて高機能（高いレベル）自閉特有の研究者はこの世にごまんと存在するのである。

アスペルガー症候群といえば、奇人、変人、犯罪者、特異者のように思われてしまう現今、私たちは人間観を見直せることの出来る教育関係者でありたいと願うのである。

第六章　人間の生理と心的ストレス

現代の名医は抗不安薬（マイナー・トランキライザー）をどう上手に処方するかで決まると言われている。ストレス時代の今日では、身体症状の多くは心理的な「圧」によるものである。それ故、ドクターはまず抗不安薬の処方を念頭に入れて患者を診るといえる。トランキライザーによって生体外からの圧が遮断され、バイオリズムの乱れが復調するのである。

例えば学校に行こうとしても朝になると頭痛がして登校できない児童・生徒の場合、第一にストレス、第二に生理的なトラブル（起立性調節性障害）が起因して行けなくなるのである。その背景には学級集団の圧、いじめによる不安、あるいは無神経な教師による発言などのストレス、そして長期にわたる受験学習の疲れなど様々な理由が予想されるだけに、症状が強く出るには出るが器質的に損傷や欠陥が見られないのが特徴である。機能的にバランスを崩して不定愁訴症候群に巻き込まれている状態であるから、ときに子どもの主訴を本気にしたドクターがＣＴとかＭＲＩとかの精密検査をすることがあっても何も見つからない場合が多い。

因みに、最近は医師の間で『発達障害』が隠れ蓑となり、妙な診断でお茶を濁すドクターも多い。例えばの話し、阪神間のＡ市内での不登校生の診たてで、学校に提出された、ある「心療内科医」の診断書を紹介しよう。

診断書

T・T

平成17年11月26日生

傷病名：思春期適応障害　自閉スペクトラム症　注意欠陥・多動症

WISC-Ⅳ　FSIQ：89　知的には大きな問題はないが、双方向的なコミュニケーションの苦手さ、強いこだわりがあり、また衝動性が強い。そのため集団生活において不適応を起こし、学校に生きづらくなっているため2020年12月18日当科初診。

以上の通り診断いたします。

令和3年〇月〇日

aクリニック

注：この診断書には、学習能力のレベルの低さの理由には一切触れていない。学業不振児童、生徒の典型の一つのタイプであることを明記すべきである。所属高校はH県私学の最低偏差値の学校の在籍である。本来は「学業不振生徒の典型」であることのストレス症と明記するか、親に話す必要のあるタイプの相談者である。このような診断名の記載では学校側も親も、その記す内容について了解不能故、無視されているのが現状。ただ一枚の診断書が必要であった、それだけの理由である。

そして「今後の対応について」としての項目も記載されている。極力親切丁寧な助言であった。しかし―。

その文面を読んだ「親」の脳裡は混乱の嵐、であった。医師の診断書や「臨床心理士ないし公認心理師」の助言内容であるが、母親との「面談」で分かったことは、何十項目にもわたる注意書きで「これからどうしたものか、何から手を付けたらいいのか？」混乱し、途方に暮れて「教育相談」ということで来談に見えたのである。医師へ行って診断書と注意書に混乱したのである。親は「混乱」ばかりであった。

子どもさんの小中の学校の成績は、ひと言で要約すると五段階の「2」レベルである。教科学習の達成感を体得しないで十二年間過ごしたのである。これで、「情緒」が不安にならないのが「変」である。「学校不適応」故、教師の目にとまらなかった典型である。私の所見に関する限り情緒が「安定」した普通の子どもなのである。このような生徒が皆、極度に低い私立学校に進むのである。残念ながら、3以上の児童、生徒中心の学校環境から長年置いてきぼりにされたのである。

言い換えれば、何十年にも亘る、言いたくても学習困惑に関しては、言わば「失感情表現言語症」の典型的な症状である。不安感情が長い間にわたって抑圧下にあると、生体の営みに異常をきたし本人の意のままにならなくなるのである。だからといって、症状を訴えた子どもに対して「別に悪いところはない」と説得を試みても、その身体的症状はいかんともしがたく本人は動けないのである。そうなるので、医師は「変な診断名」を無理に所見書に認めるわけである。

もともと我々の生活は、生理現象の仕組みをよく考えねばならぬことを教えている。もともと各人が己を振り返ってみるとき、摂取、排泄、睡眠といった基本的生理現象を繰りかえしているのがわかる。八十八才の長寿を保った一休和尚も言っている。

世の中は食うてかせいで寝て起きて
さてその後は死ぬばかりぞ

極めつけの名言ではないか。生理的条件というものがまずあって「生きている」ということを知ることが大事なのである。いくら長寿を意識的に願望しても脳や心臓に流れるはずの血が止まってはおしまいである。脳梗塞や心筋梗塞による急性死の例を待つまでもなく、血流が身体内をくまなく巡りに巡って生命は維持されるのに、意外なくらい人間はそのことに気づかないままに過ごしている。病んで初めてわかるのである。

他の一般の動物と根本的に異なる人間の特色については象徴哲学者のエルンスト・カッシーラーが説いたシンボル説が有名だが、そのシンボルの考え方の中核は事の次第を言葉で考え表現するところにある。人間はいわゆる概念志向的存在であり観念的な存在だというのである。まず生理的リズムを根幹とする声明の営みがあり、知育（知能の発育）とともにものの対象化を通して「意識という装置」

ができ上がり感情・思考・行動などの働きに有機性をもたらす。しかし、意識、例えば「学校の学習」などに不適応だと言語能力社会からの落ちこぼれの一例こその高校である。自分の世界が喪失しているのである。学校は言語文化の社会能力不足の子どもには縁遠いと言える。

ところが言語能力と文化の進展によって、人は意識的世界のにぎやかさに惑わされ、心理的次元の世界に対する関心にウエートが置かれるようになると今度は生理的機能の重要さがどこかに閉じ込められてしまい、その結果、精神的なものや心的なものを優先させすぎ生理的次元の顔が反逆して「血の流れているこちらの営みも考えてくれ」といわんばかりに、いろいろの症状でもってサインを送るようになる。「不定愁訴症候群」がその一つである。

これは行きすぎた生理的営みの抑圧の反跳でもある。今日でいうところのストレス症がそのよい例ということになり、身体感に基づくところの「気づき」を喪失した欲深い現代人の頑固なガンバリズムがストレス変化に拍車をかけているともいえる。アレキシサイミア（alexithymia 失感情表現言語症）がそれである。いまの時代、ストレス症が目立つことに対し、生体の動きにも目を向けよというアラームと見ることもできる。

食べすぎ、身体を動かさない、不安を先取るといった負因が三拍子揃えばあとは時間の問題であって、いつ急死しても当たり前と考えていいのである。高血圧症とか高脂血症とか動脈硬化などが起因して死に至ることは、その意味で自然の成り行きといってもよいわけで、これも先進社会の宿命ともいうべきかもしれない。

しかし一方で、能力を有するが故に生命が削られるほど加速化されたストレスに追われているのが、今は出来る小学生である。猛烈な進学学習を強いられる受験戦士の子どもたちである。今ひとつ分かりやすいのが米国の大統領であろう。心臓病におかされるのを恐れた米国の大統領達の話しは今も生きている。

また、よく引き合いに出される話に、アフリカの自然の中に調和して平和に生きる原住民には循環病やガンが少ないというデータがある。その理由は栄養摂取の過多から免れるということ以外に、繊維質のものを多く食するからといわれているが、それ以上に注視されるのが心理的ストレスのような見えざる敵にさらされる度合いが極端に少ないからということがある（もっとも、内乱と飢餓にさらされているアフリカ大陸の現在の状況にあっては国によって、こんなのんびりとした生活は考えられないと思うが）。

さらに、米国の名門ジョンズ・ホプキンス大学医学部の長期にわたる調査で典型的な抑うつ型性格の人のほとんどがガンだったという結果は精神神経免疫学的調査・研究でよく知られている。心的重圧が生理的営みのリズムに圧迫を与えてバイオリズムを狂わすからであろう。それ故、精神神経免疫学的にはガンも「気」の持ち方で増殖の速度を遅くすることもできるということになる。十億分の一グラムの一個のガン細胞が、一ミリ程度の大きさになるのには一五年から二〇年が必要であるという。

もし、このホプキンス大学のデータが正しいなら、意識、つまり心的なレベルでの営みが生理的働きの作用に影響を与えているウエートがいかに大きいかということになる。そうなるとガンも一種の心身症ないしストレス症といえるかもしれない。

本来、身体が身体として維持されるのは生命の営みの中核にあるホメオスターシス (homeostasis) が正常さを保つべく守ってくれているわけだが、この「恒常性」が崩れると増えてはならぬ細胞がある域を超えて他の細胞の存在を滅多打ちにするのが悪性腫瘍、すなわちガンである。原住民にガンが少なく先進国の生活しやすい環境の下で生きている人間の方が危ないわけだから、そこでは何らかの心理的な危害がホメオスターシスの営みを阻止していることになる。具体的には過緊張による自律神経の中の交感神経や副交感神経のいずれか一方の偏った動き（失調の固着化）によるものといえるわけである。

ちなみに「心身症」の治療薬である抗不安薬の中の非ベンゾシアゼピン系薬物・クロチアゼムパムの薬物効能書には次のように記している。

「本剤は心身症（消化器疾患、循環器疾患）における身体症状ならびに不安・緊張・心気・抑うつ・睡眠障害・自律神経失調症に伴うめまい、肩こり、食欲不振を改善させる」とあり、さらに「対人関係改善剤」であるとも強調している。薬理的には「視床下部および大脳辺縁系、とくに扁桃核に作用し不安・緊張などの精神異常を改善する」とし、①抗不安、②筋弛緩、③鎮静・催眠などの作用を促す薬効を特色としている。

最初に触れた名医の条件としての抗不安薬の処方の話ではないが、血圧の高い患者を診てすぐに血圧降下剤を出すのではなく、医師はその症状の背後にその人の生活における不安や緊張が何であるかを見抜くのでなければならない。そこでドクターはとりあえず外圧に脅されている生体をカバーするため抗不安薬で遮断しようとする。過敏になった生体と外的刺激の間にバリアを作るともいえる。

事実、抗不安薬剤を服用することで心的過労に起因した心身症の人々が助かっている。中高年の働き盛りが飛行機や新幹線の車内で不安発作を起こすことが多いと考えられる今日、こうした薬剤を服用することでハイスピードの乗り物に再び乗れるようになる。

中高年と限らず、中学生や高校生が受験とテスト不安の心労で疲れた状態が続き、ある日、通学電車の中でハイパー・ベンチレーション・シンドローム（過換気症候群）が起きて今にも死ぬのではというような突発性の症状に見舞われて、その後はどんな乗り物も拒否するという例もいまだに、見られるのである。

この症状に襲われると血中の酸素が平常の二倍、逆に二酸化炭素は半減するため血管が収縮し、手足の血管が塞がって時にテタニー（産婆の手）風に硬直してくる。ペーパーバック療法といって紙袋を口にかぶせ、自ら吐く二酸化炭素を吸ううちに自然と血中のバランスが元に戻れば回復するという処置は広く知られている。

このように「今にも死ぬのでは」といった発作にひとたび見舞われると、身体の方が過敏になり「また、なりはしないか」といった不安を先取りして日常生活の上でも支障をきたすことになるから、出勤拒否や子供の登校拒否など、従来の生活に戻ることが難しくなる。こういうときは周りがいくら精神の強さを説いても身体の方は正直なので本人は動きようがない。この不安発作風の症状は過緊張で神経のすり減った中高年サラリーマンや、長年の夜型学習を強いられている進学塾通いの小学校の高学年生や中学生に多く見られるのは、一向に変わらないのである。

幕末の蘭学者、『解体新書』で知られる杉田玄白の造語といわれる「神経」が細ると人間の生理的営みが健康な働きをしなくなるということであり、即ち「気」のエネルギーが減退、衰弱しきった状態と言ってよいであろう。「神経衰弱」とは言い古されたその典型である。明治の文豪、『五重塔』で有名な幸田露伴はこれは「気の死定」ないしは「気の失調」であるとし、若者が気を養うことの大切さを説いているが、こうした失調状態を私たちに教えてくれるのが芥川龍之介の死の直前の手紙である。

歌人で精神科医の斉藤茂吉にあてたものだが、それは「小生の欲しきものは第一に動物的エネルギー、第二に動物的エネルギー、第三に動物的エネルギー」と訴えていた。なぜ「動物的エネルギー」と叫ばずにおれなかったのか。またなぜ「精神的エネルギー」ではなかったのか。明らかに身体の生体リズムを崩し生命を支えるホメオスターシス、即ち生体の恒常性が失われていたからと推測されるのである。技巧派で完璧主義の誇り高き文筆家、芥川龍之介が神経を酷使したことでストレス症となり書けなくなった自分に絶望したとき「自殺」を選ぶことでプライドを救ったといえなくもないのである。

先に挙げたジョンズ・ホプキンス大学の医学生に関した疫学的調査でも、三十年後にガンに罹患したり自殺で死亡した人達には親を失ったり情緒的に未熟だったり、また孤立しやすい人に多いという研究もあるのである。

私たちの身体の健康というのは自律神経系と内分泌、免疫系のそれぞれの働きが三角形のようなシステムになっていて、それぞれが同時に働くことによって支えられているといわれる。ところがストレスが「歪」となってこの働きを歪め始めると免疫力が落ちて、例えばガン細胞の増殖が速まるという。ガン細胞はともかくとしても、気力が萎えて抵抗がなくなるというのは容易に見聞きできるわけで、すでに心身の機能が健康ならウイルスの働きも生体を脅かすところまでには至らないのではないか。

人間は言語的な生き物であるがゆえに概念思考を操る。ところが、その身体の働きに器質的な欠陥があったりあるいは機能的な不調のために鈍ると、いかんせん意思や精神とは関係なく自分で自分を制御するのが難しくなる。「神経」の働きが順調で「血」が正常に体内を巡っていてこそ心理的な事も精神的なことも「意識」として捉えることができるのだ、という観点からの考え方が改めて問われているのである。

身体の状態が長く不健康なら精神も不健康になりやすいと考えなくてはならない。その身体が不健康というのは、結核菌におかされ、ウイルスにやられ栄養のバランスを欠くためというより、先進国では「不安」という毒に脅かされているのである。

漢方医学では「頭の病気に身体を使え、身体の病気に頭を使え」という考え方がある。少々の不安ならジョギングするだけで結構元気になるものである。ジョギングを習慣づけるとやめられなくなるというのは幸福ホルモンが分泌されるからだと言われるが、これは生化学的にはドーパミンやときにはエンドルフィンという脳内麻薬物質が微量ではあるが脳内で作られるのである。

だから身体を使うというのは、神経の働きを元に戻すための全身運動による循環のよさを指すのであろう。私はふさぎ込みがちで無気力の生徒や親に週に一度でもいいから山登りさせることを助言している。親だって一緒にやればいい。たとえ海抜一〇〇メートルや二〇〇メートル程度の山でも登りはかなりの運動負荷がかかるので、ごく自然に血の巡りがよくなり外界に意識を向けるため内にこもりがちな気分が晴れやかになる。人間の体の仕組みの巧みさに期待しての助言であるが、実践した人の大半はこの運動療法で「頭」の健康を取り戻しているのである。

ところで、幕末の混乱期に身体を張って生き抜いた男を描いた『俄』—浪華遊侠伝—という司馬遼太郎氏の小説がある。その主人公の口癖は「夜に考え事をするな」であった。理由は夜に考え事をすると否定的になり気が萎えるのでやめた方がいいというのであった。

確かに一理ある。若い人が思いつめて書くラブレターというのは日中よりも夜、それも感情が先行する夜半であることが多い。書いた手紙を朝になって読み返すとたいていの人が冷や汗ものと感じるほどの労作（？）だが、その背景にバランスを崩した生体リズムが感情を高ぶらせているといえなくはない。

人間の生活リズムというのは夜眠ることでエネルギーを溜め、朝になれば「さあ、今日一日が始まるぞ」といった気分になるのは先に触れたドーパミンやエンドルフィンのなせる業、ということになる。一九七五年に発見されたといわれるこの脳内麻薬物質は、いまではアルファ、ベータ、ガンマなどいくつかの種類があることも分かっており、なかでもベータなどはモルヒネの一〇倍もの鎮痛や快感作用があるとされている。

健康な人の朝は「元気印」そのものである。夜のうちにエンドルフィンが脳内で作られ身体を支配するのであろう。気分がいいとか悪いとか、そう表現すること自体が「心身一如」の一つの姿と考えられるのである。私たちの日常の生活のほとんどは、この「気分」とのつき合いみたいなものであって、そこへ嫌なこととか心の傷の疼くことがあって身体と精神の状況がダメージを受けると、それこそ朝の起床にも支障をきたすようにできているのである。この種の典型が「時差症」シンドロームと言ってもいいかもしれない。

不安と神経疲労

日ごろの感情抑制がある限度を超えるとき、時差症ならぬ失調症となるのだが、なかでもアレキシサイミア、失感情表現言語症といえる例を紹介する。

元地方公務員のS子さん、明るく健康、優しくて頭もいいというので同じ職場の優秀な同僚にプロポーズされ二十三才で結婚、周りも羨むほどの夫婦として評判であった。ところがS子さん、五年間隔で内蔵の摘出手術を行い六十代の今は胃、胆のう、腎臓、子宮などたくさんの臓器を失っていた。最初の五年を含めるとざっと二十五年間に及んだわけだが、不思議に五十才ごろになってからは臓器摘出の手術は一度もない。つまりそのころから手術の必要は生じていないのである。結婚生活四分の一世紀を迎えたころ夫が急死したのである。つまり夫の死後は一度も、どこも悪くないのである。その理由は夫という抑圧の相手がいなくなったことと無関係ではない。

S子さんはこう語る。

「今になって思うのです。私はどちらかというと人と言い争ったりするのが嫌いで、主人にも一度として逆らったことはありませんでした。でも本当は辛かったんですが、それでも性格がくよくよしないものですから、その圧が身体にきていることには気がつかなかったのです。そのおかげで結婚生活がやっていけた分だけ、私の感情を主人に向けて吐き出すといったことは一度もなかったのです。」

これこそ正真正銘のアレキシサイミア風のストレス症と診断できよう。我慢したつもりが実は夫との問のストレスを飲み込むことで過剰適応し、そのことで結果的に多くの臓器を失ったのである。

何かの強い心理的ストレッサーが襲いかかるとき、それに対応できないとひっくり返ってしまうものである。その日からショックのために眠れないといったことである。映画館を出ても興奮が冷めないというのなら時間が経つのを待てばよい。時の経過が元に戻してくれる。しかし不安感情を駆り立てるものが強ければ強いほど身体のリズムに影響を及ぼす。そのリズムに悪い癖がついてしまった場合、ちょっとした刺激でいかにも戦いの渦中に放り出されたような心身の状態になる。不安発作などはその一つである。

小学一年生の女子の例を紹介してみる。

母親は小児科医である。母子家庭で育ったこのA子は身内に原爆の後遺症を持つ者がいて、小さいころから母親と一緒に病院に見舞いに出かけることが多かった。知能が高く過敏なところがある女の子で、物事の筋道を押さえておかないと不安になる性格だった。そんなある日、母親に伴われて広島に出かけ原爆資料館を見学したのである。見て回る間は母親に熱心に質問して興味を寄せ、母親も連れてきたかいがあったと早期の平和教育に満足だったが、その後が大変であった。

自宅からそれほど遠くないところに飛行場があり、これまでは一度もなかったのに音がすると家を飛び出して「原爆を積んでいないかどうか」を「確かめる」ことをやり出したのである。またA子の部屋は東寄りにあるのだが、朝の光が差し込むのに恐れを抱き「お母さんと一緒に寝たい」と別の部屋を希望したり、時折「光が怖い」と口走ったりで心の混乱を呈するようになった。学校でも教室にいるときはいいが、グラウンドに出ての体育は拒否するようになり担任を困らせるようになった。担任はどう関わったらよいのかわからなくなってしまった。何せ詳しいことは知らないから「わがまま」という尺度で厳格な指導をしてしまい、ついに不登校にまでなってしまったわけである。

悩んだ母親は教育相談に出向いたが、どこでも母の過保護だけを指摘され、それほど育て方が悪かったのかとすっかり自信を喪失してしまい、果てに私の主宰するカウンセリング研究所にやってきたのだった。

母親の訴えるところでは、サングラスをして登校したいとか光が怖いとか、また飛行機が通るたびに外に出て原爆が積まれていないかどうかを確かめずに済まないという子どもの状態が解せないというのだった。そして、「親の育て方が何故悪いのであるか。教育相談の担当者の言葉にも納得できないものがある」と語るのであった。

状況からして明らかに「疑似原爆恐怖症」と考えた私は、理由はともかくとして子どもさんの過緊張と不安感と不眠の三つを先ず取り除くことからスタートすることを提示した。その後で改めて判断しましょうと。そこで薬物治療について専門家の助力が必要であったためホームドクターのところに行くよう話し紹介状を添えた。ドクターの処方はクロアチアゼムパム系の「リーゼ」五ミリと、誘導体としては同じ系統のエティゾラム系の「デパス」〇・五ミリ単位の錠剤を三分の一にして朝晩服用するように、というものであった。

抗不安薬の薬理作用の臨床特徴は、
1．不安と緊張という情動面の障害の改善
2．1によって引き起こされる不眠の改善と大脳辺縁系に対する抑制作用を促す
3．不定愁訴と自律神経の失調の改善
などである。

さて、服用後のA子の様子はどうであったか。

診察の後二週間ほどは学校を休んだが、薬の効果は抜群で「原爆」のこともあまり口にしなくなり「光」へのこだわりも減少しともかくも登校を再開した。こういう際、親は決まってこう心配する。「ずっと飲み続けなくてはいけないのではないか。副作用の心配はないか。小さい子に飲ませても大丈夫なのか」

心情はわかるが、不安を背負ったままの失調状態でいると症状は固着して症状へのこだわりがさらに症状を生むようになり、悪循環となりがちなのである。薬を服用することで症状が寛解すれば、いわゆる「気にしなくなる」ために間もなく飲むことすら忘れてしまうのが大方のプロセスなのである。要は子ども心に「身体の変調」を覚えさせて、そこからの脱却の必要性をよく説明すれば「不安や緊張」のルーツもわかり、当人なりの「セルフ」の気づきが促されて小学生であってもセルフコントロー

ルを身につけていく事が期待できるのである。この「心身相関」についての理解は大切であって両輪のようなもので離れることはないのである。どちらかが損傷すればもう片方にも響いてくるのであって、このことは私たちの実際的な生活の営みの中で常にみられるものである。

よく言われるところの快食・快便・快眠というのは身体の健康だけを指すのではなく、心理的ストレスが仮にあっても生体のリズムを狂わすほどの影響は受けないということであり、むしろ「心」は快調なペースを維持すべく「ハイ」の状況になるのだともいえる。

それがひとたびリズムを崩すほどの心的な圧が加わると、感情が失調して生体の調整能力が間に合わなくなり症状化するわけである。

そんなケースを一つ示してみる。

実業家で八十六才の会長が孫の結婚式を前に急に上昇した血圧と激しい下痢に悩まされ、挙式に出席できないのではと諦めかけていたところ当日は小康状態になり出かけることができた。無事帰宅してから体調は回復し何の症状もその後は出なかった。

その理由であるが、式の前に孫の父親でもある長男（社長）が父親に聞こえよがしに「いつか知人の娘さんの結婚式に招待されて出席したとき、花嫁の祖父にあたる年寄りがこのような宴席にいて見よいものではなかった。引っ込んでおればいいのに」と口にしたのを耳にして以来、わが事のように気にしていたのである。八十六才の年齢のほどをそんな席で見せてやれという気合でもあればともかく、逆に「年寄りくさいと、うとんじられて辛い思いをするのでは」という不安がストレスとなって生体のリズムを崩していたというわけである。

あとでわかったことだが、実はこの会長、ホームドクターに相談したところ、「あなたの結婚式じゃあるまいし、誰がいちいち気にして見てるものですか」と一蹴され、それで気持ちに弾みがついたのだった。この事例などは、ストレス症の心身相関の事実を如実に語っていると言える。

そういえば、漢方では「其の気に逆らうときは即ち病む。其の気に従う時は即ち癒ゆ」と昔からいうではないか。まさに至言である。

さて、「気」ということだが、不登校生や若い優秀な社員（研究開発室のエンジニアなどに多い）の出社拒否症に見られる「無気力」を通して精神生理学的な考察の必要性について考えておこう。

筆者の主宰しているカウンセリング研究所は一九八五年より不登校生対象のフリースクール、「スクールレス・スクール」を開設していた。そこへやってくる子どもの三六％ほどが過緊張である。そして全員が無気力を伴っており最初は「時差症」ともいうべき状態を呈して生体リズムを崩している。まさに不定愁訴的時差症候群とでも名付けるのがぴったりの無気力で、学校では家族の過保護が起因するところの「わがまま症」と断定されていたのである。

私の診断は単純明快、過剰なストレス下に長年わたって置かれた結果、また過敏な対人関係反応下に長くいたためなどによる神経疲労というか慢性の疲労状態による神経の疲れによったことによる

「仮性時差症候群」との判断であった。

そこで、1．抗不安薬、2．睡眠、3．運動から始まって「今は学校へは行かないほうがいい」と説き、更にフリースクールに通いながら身も心も休めることが回復への近道であることをも提示、その子たちのほとんどが健康になったのである。

参考までに昔、文部省主催の不登校問題研究会に集まった全国の教育委員会生徒指導担当者の会で発表した私の意見の要点を記しておこう。次のとおりである。

「不登校生の大半は、まずかなりの過剰適応期間のあと生体リズムの無理が自律神経の働きの調節にヒビを入れて次第にストレス症化させ、それが日々の当たり前の生活維持すら負担なものになるというプロセスをたどっている。まずは一〇〇％の心身の解放が大事であって、自らのストレスの負担からくる外的な心理的抑圧から回避させることで不登校であるという実感的覚知を体得させること。何よりもこれが回復のための第一歩であることを知らねばならない。」

子どものストレス症化のケースを挙げると、中学二年E君のケースが典型である。小学四年生から塾通いを続け有名私立中学に見事合格はしたものの神経疲労の極致にあったためか加速化する学習についていけずストレスに見舞われるようになった。昼夜逆転の生活に加えて幻覚とおぼしき徴候まで出てきた。下着を替えず風呂にも入らない最悪の状態となったのである。受験という目標だけにすべてを賭けて合格したとたんにタガが緩んでしまい、さらに激しい学習を迫られて心身共に衰弱してしまったのである。

こうしたストレス症化する子どもたちのほとんどが性格的には完璧癖の傾向を持っている。そしておしなべて感情表現に乏しいのも特徴である。フラストレーションによる感情を言語で主張し表出することができないために、とことん頑張り続けたあげくダウンしてしまうのである。

中には家庭内暴力化するケースも多い。心の未熟さ故にコントロールが不可能となり、親の一言が引き金となって暴力化するのである。不登校即無気力と考えても大きな間違いはない。

実際、E君の進学のための学習は凄まじいばかりであった。塾のほかに家庭教師もついての猛勉強、就寝は午前二時、三時は普通だった。しかし実際は小学六年生の三学期あたりから机に向かいつつ眠りこけていることもあり集中力も半減していた。だが、それらは後で分かったことであって、当時、親はわが子のストレスに病む姿を見抜けなかったのである。成績のよさに惑わされ「息子は順調に学習している」とのみ思い込んでいたのであった。

ここで古い話であるが「時差症」が歴史を変えたエピソードを紹介しよう。

一九五三年、米国国務長官ダレス氏は随員と共にアスワンダム協定交渉のためジェット機でエジプトに向かった。カイロに到着するやエジプト側高官と協議に入ったが、米国側の全員が疲労困憊に陥り結局、足をすくわれて協定を結ぶには至らなかった。この年からしばらくしてエジプトはソ連の政治の影響を強く受けるようになるのだが、この政治的大事件も実は概日時計の仕業であることが判明し、この時の失敗と宇宙開発のために米国の概日時計の研究が急速に進むのである。

このような神経疲労による自律神経失調ともいえる無気力状態から脱却した白隠禅師が次のようなことを『夜船閑話』に記しているのは有名である。

「心火逆上し、肺金焦枯して双脚氷雪の底に浸すが如く、両耳渓声の間を行くが如し。肝胆常に怯弱にして挙措恐怖多く、心神毛困倦し寐寤種々の境界を見る。両腋常に汗を生じ、両眼常に涙を帯ぶ。此においで遍く明師に投じ、広く名医を探ると云へども百薬寸功なし」

まさに簡にして要、的確な「無気力」「神経衰弱」の様子を見事なまでに描出している。

この集中困難ということについて山下富美子氏は、『無気力のメカニズム』で

1．脳の器質的障害
2．身体的障害
3．知的発達障害
4．情緒障害（自己顕示、不安傾向の強い場合）

の四つを指摘しておられるが、私としてはこれにいまひとつ

5．自律神経の失調を伴う神経疲労

という項目も加えてほしいところである。

そういえば、一八三二年、イングランドの内科医ジェームズ・ジョンソンが記載した病名に「襤褸弊履症候群＝ボロボロガタガタ」というのがあり、産業革命の圧力下にある当時のイングランド生活からくる心労過多と多面緊張が原因である、としている。また米国のジョージ・バードが神経エネルギーの赤字会計が無気力にさせ、それが神経衰弱であるとしたこともよく知られている。

要は不登校にせよ出社拒否症にせよ、神経が「くたびれた」状態だから身動きできないのである。この状態を受け入れて時に休息や運動、薬物療法や心理療法に専念できる場合は早期に回復が期待できるであろうが、「無気力」になった状態が容認できず、また容認されず、そういった自己に対する否定感情が強すぎて過剰に抑圧が加わっているときは「うつ」が噴出し、それが自我を飲み込むといったケースではエリート官僚や学者といった頑張りタイプのインテリが多いことも知られている。

精神科医や心療内科医の使う診断用語に「心因反応」というのがある。心因が生理的な機能の歪みを生じさせるものだが、心因反応だからいかにも生理的には問題がないように錯覚される。現に検査の結果、何も出ていないと「気」のせいにしてしまうが、神経の働きと生化学的反応の相互作用は機能面にあってはすでに悪い状態にまで至っていることが多いのである。

心血管症上のめまいや心悸亢進があるというので驚いて検査を受けたとしても、正常の診断、しかし疲れ切った身体の仕組みでは、ちょっとした刺激にも血管の働きが敏感になるのは当然なのである。

そんな具合であるから、胃腸の調子が悪くてバリウムを飲んでレントゲンを撮っても胃と腸の内壁の「びらん」くらいではよくわからない。ファイバー・スコープで念入りに見ないと無理であると言われるわけである。とすると潰瘍と明言できないのだから病気であるとは言えないことになる。同じように不登校生がよく訴える頭痛にしてもＭＲＩやＣＴ検査では大方正常である。しかし主訴は減らない。まさに「心因反応」そのものと言える。

緊張をほぐし不安を減じ睡眠を確保することが何よりも大事であると考えられるときは薬を服用することで楽になり、眠れたという実感から自分の心身状態に「気づく」ことが治ることの第一歩である。「訴え」というか「主訴」には心身相関というか、精神生理的観点から迫っていく事が今後はますます大切になると思えるのである。

緊張し続けていることにすら気がつかないでいる若者たちが結構多いという現実に、私たち大人はもっと注視すべきである。自己意識というものは自分の身体の働きによって支えられているものだとの論議が、もっと広く深く行われることを希望してやまない。

第七章　身体の異変の心理的考察

私事にわたることで古い話なので少々気が引けるのだが、一九九九年の十二月中旬、地元の兵庫県立N病院の外科で、「鼠蹊ヘルニア」（右下腹部）の手術を受けたことがあった。

その二年前、別の病院において同じ手術（左下腹部）を経験していたので、今回、手術が近づくに従い、どういうわけか不安感がふつふつと湧きだしたのである。それというのもこの時の術中に、心の傷ともいえる場面に遭遇していたからであろう。

まずはその時の顛末を、拙文からご判読いただきたい。（『ホスピタウン』一九九九年六月号）

まずは、ベッドに寝かされたままオペ室へ。下半身麻酔の注射の直前、主任のナースが私の胸部に心電図モニターのため吸盤を何個か付けてくれた。規則正しいパルスの音とともに、設置された心電計には鮮明な波形が映し出されていた。幸いホームドクターにも立ち会ってもらっていたので、心の準備は万全であった。

そして、主任のナースから「身体を横にしてください」との指示を受けた。しばらくするとベッドの右側に立っていた副院長の持つ注射針が、ブスリと脊椎の隙間に入っていった。麻酔薬液が全部注入されると、今度は体を元にもどすよう指示され、再び天井を上にして仰向けになった。

三分ほど後、副院長が私の両足の先端をピンセットで触れ、「感じますか？」「痛みますか？」と質問。「感覚はほとんどありません」と私が答えると同時に、鼠蹊ヘルニア（左）のオペが始まった。

痛みは感じられないものの、切られている実感がわいてきた時であった。心電計から鳴るパルスの音が妙に早くなっているのに気づいたのである。自分の体の異常感は感じられないのに、心拍を測る音だけが加速するので「あれ？」と思い、顔を心電計に目をやると、先ほど見た波形でなくなっているではないか。おまけに、少しずつ山と谷の差がなくなりつつあるのを見てしまうと、急に身体が硬直し不安感情が走った。

この瞬間に何か異常が起きていると直感し、執刀中の副院長の表情、ナースたちの様子を盗み見したところ、同じように何かを感じている様子。いよいよ恐怖が私を襲ったとき、ホームドクターのＭ先生が、その辺りの私の気持ちを察してそばに来られ、右手首を握り、脈を診て「大丈夫ですよ！」と力強く励ましてくださった。それでようやく私は安堵したのである。

しかし、心電計の波形はとうとう一直線寸前。ここに至って、医師もナース達も測定器がおかしいと気づいていなかったのだから不思議である。後で分かったのだが、胸部につけた吸盤が、横向きから仰向けになったときに隙間ができて滑り落ちる寸前となっていたのであった。

幸い、鼠蹊ヘルニアの手術は、今はやりのメッシュを入れての完璧な処置。手術後も快調で、オペそのものは何の問題もなかったので、言ってみれば茶番劇のようなものだが、患者の側のこの瞬時の心境はまさに「命がけ」、生死をさまよったような気になったものであった。

この話にはおまけがある。すべての処置を終え、手術室を出るときの副院長のセリフがおもしろかった。「遠慮せんで、また書いてください」

副院長が何故こんなことを言ったのか、それには理由があった。かなり前に書いた拙著『患者の深層心理』（世界思想社）の中に、以前私自身が虫垂炎手術を受けたときの心の傷の顛末を記した部分があり、前もってその本を手渡して読んでもらっていたからである。だから、きっとまた何かに書かれると覚悟されたのであろう。


かくなる次第で、心電図モニターへ伝導する吸盤の接触不良（?）が主たる理由であったのだが、医師は異常を伝えているはずのアラーム現象を無視。私のほうは、「心臓に異変」との懸念がオペが終わるまで脳裡から離れなかったのである。それにしても患者が受けた術中の心的外傷（trauma）はいつまでも身体から離れないものなのである。

誰にもある心的外傷

四〇才頃だった。「虫垂突起炎」というので手術を受けたのである。

病院は住まいの近くの「教職員共済組合系」の阪神間に所在する準公的病院で虫垂炎と診断され、

虫垂切除の手術を受ける事になった。この時、手術中の医師たちの姿勢から、変に職業化した医師の姿勢をいやというほど知らされ、それまで素朴に抱いていた「聖職感」がいかに幻想であったか目を覚まされたのであった。

まずは腹痛を訴えて正月の六日、K病院の外科へ行くと、症状を聞いた担当医師は強く私の右下腹部を押さえ、痛さを確かめた後、「切ったほうがいいね」といって、あとは入院手続きのために看護師にバトンタッチ。「今夜は食事を抜くように」と指示され、手術は翌日の午前という早業であった。

七日の朝、覚悟して病院に行くと、すべて準備完了、あっという間に私は大きな手術室の真ん中に運ばれ、三人の医師と七〜八人の看護師の仕事の対象になったのである。

なにぶん、休み明けというか新年始まっての初仕事（?）のせいか、虫垂炎の手術というのに、たくさんの人数。それだけ患者を尊重してもらっているのだと早合点して内心大喜びだったのだが、そういう思いがいかに馬鹿げていたかがすぐにわかってきた。

まず、局部麻酔の感度から問題であった。神経質で痛がりの私には、標準というのが当てはまらないのである。いつものように麻酔は効いているものと、一般的なスケールで判断した主治医が腹部の執刀を始めたのだが、痛くて辛抱できないので、ついオーバーと思えるほどの声で「イタイ、イタイ」とわめいたところ、その若い主治医の指導的立場にある医長がいきなり私のそばへやってきて、「あんた何才なんだね。小学生の子だって辛抱するよ！そんなに行儀が悪ければ手術止めようか」と患者の弱みにつけ込んでの脅迫である。そう言われて腹が立つものの、反発もできず、すねた子どものようにふくれ面をするより仕方なかった。

そうこうしているうちに、ようやく麻酔が効を奏し、痛みが軽くなった時だった、担当のY医師が主任の看護師に変なことを言い出した。

「このメス切れへんなあ。新しく変えた?」

「ええ、取り替えてありますよ」

「おかしいなあ」

と言っていたこの新米外科医、思わず力んだのであろう。

「ああ!切りすぎた!」

と大声で叫んだのである。びっくりしたのは、切られている当人の私である。場所が場所だけにどこまで切られたのかその心配が脳裏をかすめ、「しまった。こんな病院へ来て」と後悔しかかったとき、Y医師がまたもや「すんまへん!」と。

「すんまへん」とは一体誰に向かって言った謝罪の言葉なのか、私は一瞬とまどったが、痛い思いをしている患者に対するものと思うのが当然と、一瞬「やぶ医者め」と攻撃的だった未熟な自分を反省し、思わず「どういたしまして」と、タイミングよく返答したのであった。

すると予想に反して部屋の全員が「クスクス」と笑っているではないか。「しまった」と気づいたが後の祭り、相棒である同僚医師へのあいさつだった。

患者の心に何の配慮もなく、医師のサイドで事が運ばれ、横たわっている人間に対する、というより「虫垂突起」のオペだけに関心が向いていたのである。

もちろん手術だから、臓器がすべてであるのだが、人間としての患者を見ない医師たちの姿勢に、不信感を抱いたのであった。

おまけに、手術が終わって部屋を出るとき、Y医師はいましがた切除した突起物をピンセットでつまみ、私の目の上にぶらぶらさせて見せながらこう言った。

「これなら切らんでもよかったわ！」

もう、何をかいわんや、である。正直黙っていてほしかった。そこまで患者に知らせるべきであろうか。私は医師に弄ばれている感じがし、痛い思いをしたことが無駄になったと、本当に不愉快な思いをしたのである。

しかしこのY医師、患者がその一言で心を傷つけられた気持ちなど、知る由もなかったのであろう。

外的刺激と生体の変化

この体験が心と身体の深いところで痼っているから、いざとなるとやはり記憶の底から飛び出してくるのである。

ところで、三度目のオペはこれまでの病院とは違って、内臓外科医・救急医として高名な院長とは懇意の間柄、そのうえ部長と主治医、麻酔医などベテラン揃いのドクター陣、今風のインフォームド・コンセント（informed consent）も万全、心配、懸念は一掃したと思っていた。

入院は手術の前日の午後、病室は特別室、おかげで外的環境因子と遮断、日頃は上が一二〇〜一三〇、下が七〇〜八〇という血圧の値であるのに、一〇〇と六〇に下降したのは驚きであった。この段階ではまだ余裕があった。

院長にこのことを話すと、「入院なさった患者さんのほとんどは安心されてなのか血圧が下がりますね。でも退院されると元の木阿弥ですよ」という返事。このことは、日頃の生活において、我々は生体の許容量をはるかに越えたストレスと付き合わされているということを意味しているのであろう。

最近「ＷＨＯ」は先進国向けの血圧基準設定で、上を一二〇、下を八〇と決めたという。しかしこの血圧値が健康ベースだとなると、日本人の成人の大半は「高血圧症」と診断されてしまいそうである。しかし、この数値が、健康度を測るメジャーとして正しいのかどうか、生体には個人差があって当然。本来、人間の生体的機能というのは、何千年、何百年前とそう変わっていないのではないか。ただ、環境という外的変化のみが急速に複合化し、劣悪化しているのであろう。それを仮に「ストレス」と言いきってしまえば、人は日々の「ストレス」に刺激されて上昇する血圧に順応していかなければならないのではないか。そうするうちに、生体が高い目の値で環境と馴染むようになるのであって、現代の社会では、外的刺激を少なくすることは不可能だと考える方が現実的と思うのだがどうだろうか。

酸素の少ない高地で生活する民族は、長い間に生体がその地に適応していくといったプロセスを辿るが、それと同じように考えればいい。

それを、上が一四〇や一五〇になったからといってすぐに降圧剤を処方して、何がなんでも一二〇前後に生体の営みを合わすというのは、別の「ストレス」を誘発することになりかねない。

さて、先の私の三度目の手術のことだが、午後三時にスタートするはずだったのに、朝方に難航したオペがあったとかで、三〇分ずれ込んだ。

予定を三〇分も遅れると、何やら少々不吉というか、ひょっとして異変が起こりはしないかと不安を抱き始めた頃、あわただしく、ナースが入ってきた。そこで筋肉注射、更に血圧の測定。

「どれだけになっていますか」と尋ねると「上が一四五です」との事。

これにはびっくりであった。正午直前には一〇〇と六〇で落ち着いていたのに、意識より先に身体というか生体がエキサイトしていたのである。

このあと、院長、部長、ホームドクター、そして三人のナースと、総勢六人のお出迎えである。

乗せられた動く寝台に付き添う院長に、「先生、一四五にもなっているんですが」と不安な思いで尋ねると、「生身の人間ですからね」と、気遣いの言葉が返ってきたのだった。

そうこうしているうちに手術室へ。私の前はどんな大変な手術だったのか、と思いたくなるような雰囲気がまだ漂っている広いルーム。あとは手慣れたスタッフの作業にすべてお任せである。身体に大きな覆いが、と思ったとき目隠しのガーゼが顔に乗ってきた。

「さあ横になって、膝を見るようにして身体を丸めてください。そうそう、うまくいけていますよ。いいですよ！そうですよ！そうですよ！」

チクリと細い針の感触を感じたと思ったら脊椎麻酔である。

「何か感じましたか」の声がしてきた。右下肢にちょっとした痺れを感じ、そのあとどれくらいの時が経ったか記憶にないが、

「イノウエさーん、イノウエせんせー、もう終わりましたよ！」の主治医の呼びかけで意識が戻ってきた。後で聞くと手術は四〇分ほど要したということだった。

「ええっ？」とうなずいたものの声が出ない。そして元の病室へ。

途中いろいろと声をかけられているのに意識は朦朧としていて、たしか病室にたどりついてベッドに移されたとき横で娘の子、小一のちびが「心配そうに何か言っているなあ！？」と夢見心地。その日の夜半、痛みで目覚めるまでずーっと眠ったままであった。

翌朝、前の日のことを思い出そうとするが、ほとんど意識に上ってこないので、手術中の私はおとなしく、平和（？）にしていたのだろうと勝手に推察していたのである。

ところが、この日立ち会ってもらったホームドクターのM先生が見舞いで来室、

「あのとき、えらい騒いでいましたよ」

「ええっ、本当ですか。何を言ったんですか?」

「脊椎麻酔が終わって、どんどんオペが進むんですが、血圧がどうの、心電図がどうのって……ずいぶんエキサイトしておいででしたよ。血圧も上は一七〇にも上昇してしまい。部長の指示でちょっと眠ってもらったんですよ。するとしばらくして一気に上が一二〇に下がりましてね、饒舌さもなくなったんです」

大人しくしていたものと思い込んでいたのに、当て外れであった。

私の身近な体験を長々と記載したのは、心と身体の相関というか、生体の働きの微妙なカラクリはどこにでもある、ということをいいたかったのである。

脳内伝達物質と身体反応

本文のテーマは「無気力」と身体の問題である。不登校生の無気力は「無気力症(psychasthenia)」という方がいい。「症」とわざわざいったのには理由がある。不登校生がこのような状態に陥った際、癒しと回復にはどうしても「時」が必要なのである。「時」を要するとは生体の営みに、急性であれ慢性であれ、異常事態が発生しているということである。

こういうときの生体のメカニズムはハンス・セリエの「ストレス学説」で考えるとわかりやすい。すなわち、生体が外界からの刺激を耐性以上に受けすぎると特異反応が現れ、副腎から分泌されるホルモンの過剰で病的症状を誘発するというものである。

とりわけ最近注目されている「精神神経免疫学」（Psychoneuroimmunology）は、セリエの学説が土台となっているといえる。要は、疲労が限りなく続くと文字通り困憊状態となり、いわゆる生体の拮抗作用にアンバランスをきたすというわけである。

一秒間に一〇万といわれる外界からの刺激を受容した生体は、同じ一秒間に一〇〇メートルの速度で脳に伝え、主として視床下部の指令で、内分泌の働きが触発されるわけだが、余りにもその刺激の量と質において強力だったり、また慢性的に持続しすぎると疲労がたまり、内分泌の働きでバランスが崩れ、しかるべき生体のリズムが維持できなくなるというわけである。

一九八六年十一月、三井物産の商社マン、「若王子信行」さんがフィリピンで武装した五人組に誘拐され監禁四カ月後解放されて無事に帰国され、その直後の病院の検査では「健康」と診断されたものの、間もなく「ガン」で亡くなられたということを『ストレス免疫』（星恵子著　講談社）で読んだ覚えがある。きっと一人という孤独下での幽閉に、体がボロボロになってしまわれたのではと思ってみたのである。

それに比べ、ペルーの日本大使館で相当数の人たちが閉じ込められた事件や、中近東アフガニスタン近辺での日本人エンジニア四人の誘拐事件においては、同じ体験をしているという共感的絆が幸いしてトラウマの度合いが少なくてすんだのではないかと思えるのである。

平たく言えば、「みんなで渡れば怖くない」のである。脳生化学者の大木幸介氏曰く、人は群れているとき、「エンドルフィン」という脳内麻薬物質が、分泌されるとのこと。だから一人だけという状態の時と比べ、恐れや不安感が減少するというわけだ。共同的一体感がそういった生化学的分泌物を触発するのであろう。

「エンドルフィン」といえばジョギング中毒ともいわれる幸福ホルモンの正体、脳内麻薬物質でもある。

群集心理の突然の異常性はこういうときの同じような内分泌ホルモンがルーツとなっていることは確かである。

ペルーの大使館で閉じ込められた「人質」たちの数は三ケタであった。その過程にあってはいろいろとトラブルがあり、ストレスも相当のものではあったであろうが、後遺症としては、若王子さんほどには至らなかったのではと推察したのである。

脳内伝達物質といえば不登校に陥った児童の家へ迎えに行った担任の「○○さん」「△△君」の呼びかけが恐怖となり、トイレに籠城するというのはその好例である。こういうときトイレという頑丈な防壁で不安を遮断するのである。見ザル、言わザル、聞かザル、の心境である。

そうまでしないと身が持たないわけである。この時生体の営みのバランスが崩れ、不安感を強くする脳内伝達物質が分泌され、緊張状態が高まってくるのである。

ある種の生体のパニック発作である。女子中・高生に多い過換気症候群もそうである。あきらかに交感神経が亢進し、副交感神経のブレーキでは間に合わず、当人ではコントロールがきかないほどの「身体」の反乱が起きているのである。このときの発作を「身体」が覚えるとそれが傷となって、「期待不安」というか、更なる不安を呼び起こしてしまうという悪循環を繰り返すのである。

要は、生体の営みに異常が起きて、症状が顕在化するので「休む」ことの合理的理由が出てくるのだといえる。不登校生は「症状」と共存しているのである。

ところで視点を変えて、例えば「心的パニック」に遭遇するとどうなるのか。一九九九年、三度の無罪の判決を受けた、今となっては大昔の当時、世間を騒がせた「甲山事件」で、犯人として被告人の座に立たされ続けたE子さんについて書かれた、『記憶の闇』(松下竜一著　河出書房新社)の中から一過性と思える急性の「精神症状」を紹介しよう。

E子さんが受け持っていた障害女児が行方不明であることがわかり、探すうちに、汚水横のマンホールの中で、いまひとり行方不明の男児と一緒に溺死していたのが発見されたというものであった。

このとき責任感を強く感じ、ショックを受けたため発生したと思われるE子さんの精神症状が、同僚と看護師の供述調書の中で描かれている。

〈佐藤綾子の学園葬は二十二日午後一時から学園内プレールームで行われ、兵庫県知事代理以下二〇〇人が参列した。

棺の別れの花を入れるとき、沢崎はショートケーキとあられと綾子が授業中に作った作品を入れてやったが、綾子の死に顔を見た途端胸が迫ったのか頬擦りをするように顔を近づけたので、傍に居た楠初音と内海みゆきが急いで抱き起こし、保母室に連れ去った。

霊柩車が出ていく時になって、沢崎は他の参列者の一歩前へ進み出て牛島と手を合わせたが、悲しみをこらえ切れないように泣き出した。それでもその場では自制しているようであったが、保母室に戻ってから取り乱してまた激しく泣き始めた。

「綾子、綾子、綾子ちゃん、綾子ちゃんは安らかそうでない」

泣き叫ぶ沢崎に、また局が来て鎮静注射をして眠らせねばならなかった。そういう沢崎の取り乱した態度を、市丸は不審の目で見ている。

更に三月二十七日午前の職員会議で、沢崎は次のように発言している。

「十七日は自分が宿直で、子どもを見ていなかったので、このような事件が起きてしまったので、責任を感じている。自分の責任や、管理体制がどうのこうのというのは言い逃れにすぎない」

これに対して市丸は、「沢崎先生自身が他のもの異常に宿直中の事件に対する責任を自ら買って出ているという印象を受けました。」と供述している。

しかしこの供述書を虚心に読めば、沢崎を疑うに足りる客観的証拠は何もなく、ただその態度を市丸が主観的に疑っているに過ぎないことがわかる。この供述調書から浮かび上がる沢崎の態度は、別な見方をすれば、自分の宿直中に見失った綾子を真剣に悲しんでいる態度と見て不自然とも思われない。―中略― 更にもう一つ、市丸と瓦口の供述内容を補強する供述調書がこの四月二日に取られている。老人ホーム甲寿園の看護師（四十四才）の調書がそれである。三月十九日夜と三月二十二日の佐瀬綾子の学園葬の後半狂乱に陥った沢崎に鎮静注射をした模様を、兵庫県西宮警察署の巡査部長田中勇郎に詳細に供述している。

十九日は早田隆の捜索で甲山学園に来ていて、沢崎悦子が狂乱状態になっているのを目撃する。まず電話で医師に報告し、その指示にしたがって精神安定剤を一錠与えたが錯乱状態はおさまらず、保母や指導員が三人がかりで手足を押さえているような有様なので、もう一度電話で医師の指示を仰いだ上でウインタミンを注射した。それでもおさまりそうになかったので、立ち会っていた牛島にベゲタミン一錠を与えた後で飲ますように言って、保母室を出た。〉

供述は重要な意味を含んでいて、その後の捜査陣はE子さんにピタリと照準を当てたのであった。しかしどうなのか。「眼を見なかったので」とはいえ、看護師の発言は重い。神戸市三ノ宮でクリニックを開業されている精神科医として高名なS博士は「眼」を見て、症状の質と量を診察されるので定評だが、もしそのような「眼」で診る人がいたらどうだったのか。(注：局とは老人ホーム甲寿園内の医局を指す)

この時の処方の薬はどれも「抗精神病薬」に類するかなりのもの。狂言なら再度の注射は「生体」が拒否したのではないだろうか。その状況下でやはり、一時的とはいえ錯乱していたといえるのではないか。

精神健康状態が正常範囲の人でも、一時的なショックのダブりでパニックになるのはごく自然的現象といっていい。当時彼女は二十才そこそこ、それほどの心的衝撃が強烈な外的刺激となって体内に伝わり、それを受けたニューロンがあわててさまざまな情報を発信するという指令の混乱があったとみるべきではないか。

同じ学園内とはいえ、E子さんだけがそうなったから怪しいというより、それだけのショックをE子さんは受けたのだと推測するのも一つの見方ではないかと思ってみるのである。

不安の先取り現象と「圧」

ではこのとき生体のメカニズムをどう説明すればいいのだろうか。

私の体験だが病院の「特別室」で測る血圧、手術時の血圧の値などは、読者諸賢にはすぐおわかりであろう。単純にいえば「自律神経の働き」を司っている二つ、交感と副交感の神経のうち「交感神経」が亢進しているわけで、この時の生体はあたかも戦いに挑んでいるのと同じである。

例えば京阪神を走るＪＲの「新快速」に乗るとしよう。レールは狭軌というのに、時速一二〇～一三〇㎞のスピードのまま、カーブを突っ走らせると、激しく左右に揺れるのである。このときの車内の揺れは、人によって生命の「危機」を感じるほどのものである。ＪＲは安全の範囲として受け取っているものの、その激しい走行がひょっとして脱線、横転、と思いたくなるような走行、せめてもう一五㎞スピードを落としてくれないものかと腹立たしくなる。それほど「生体」のほうが不安を先取りしてしまうのである。かくいうそのひとりが「私」。こういうとき、いつのまにか手足に汗をかいていて、なんとなく胸騒ぎがし、浮遊感で体が安定しないといった、ただならぬ恐怖を抱いてしまう。明らかに、神経→脳→内分泌→状態といった伝導回路。交感神経が亢進し、脳内伝達物質はアドレナリンなどを含むカテコールアミン系のホルモン分泌の過剰となり症状が出てくるのである。ところが停車駅に近づき、速度が急に落ち始めると、手足の汗は次第に引いて不安感も消えていくというわけである。

ボクシングの選手が試合前になると「水断ち」をする。血中の水液を減らして赤血球間の距離を縮め、血液の凝固率を高めることで、打撲による出血に歯止めをかけるためである。これは先の仕組みの裏版ということになる。

人は競争心を抱くと同時に恐怖心も抱く。スリルの渦中に巻き込まれるとき、あきらかに生体機能が、外界からの刺激に防衛態勢を敷くので、普段と違った身体の現象となるのである。ボクシングの選手は、はじめから水分を抜くことで打撲による血管の破損からの出血を少なくすることで身を守るというわけである。

あるいはまた、余りにも急激な衝撃に遭遇した時、人の意識は薄らぐという。ハイウェイでの車同士での激突、そして「気がついてみたらベッドの上」ということは日常茶飯事である。ショックのあまり副交感神経が急激に亢進し、頭に血を送らないようにして記憶を軽減させるわけである。カメレオンの敵との対応時と同じである。

このように見てくると、E子さんの発作も受容側の許容量をオーバーした、衝撃に対する一過性の錯乱でしかなかったともいえるのではないか。この時、視床下部からの伝達物質の分泌指令に、混乱が起きたのだといえよう。抗精神病薬にしろ、抗不安薬にしろ、薬の作用の共通項は「遮断」である。意識の中に入り込ませない「目隠し」ともいえる。原則的にトランキライザー(tranquilizer)は、遮断剤であると見ればわかりやすい。

もちろん薬でなくても、転地療法なども一つの遮断療法である。

ところで高二の女子生徒、Y子さんの不登校のきっかけは学校にあった。教室にいることが恐怖であり不安だったのだ。教師にはそれが病的に見えた。

不登校を誘発した原因は、二年に進級の際クラス替えがあり、いざ教室に入ってみると親しい学友がいないことにあった。

もともと消極的で口数の少ない、素直で大人しい、目立たない生徒といった感じを周りに与えていたY子さんだけに、クラスに馴染めないからといって、不適応感を外に表すことなく辛抱していたのである。しかしそれも五月の連休までもたなかった。

親は娘の「身体の調子が悪いから」という言葉に安心し、「風邪程度だったらそのうちに」と楽観していたのである。しかし五月が過ぎ、頭痛、腹痛、倦怠感、不安感、焦燥感などの訴えがエスカレートし、六月の中旬に入ると、「私、もうあの学校には行かない」と宣言、自分の部屋に閉じこもってしまったのである。そして昼夜逆転のゴキブリ生活が始まった。家の中でごろごろしはじめたのである。

親がそれとなく声をかけると「担任が怖い」の一点張り。様子を耳にした校長が、普通の欠席とはわけが違うと私のところに相談の電話をいれたのであった。

両親と共に訪れた本人との面談でわかったことは、阪神・淡路大震災で遭遇したトラウマを引き摺っているということであった。家屋の全壊、姉の死、両親の怪我など、さまざまなアクシデントの中で、一番頑張ったのはY子であった。家族もY子だけは大丈夫と安心しきっていた。ところが当人は不調を感じ始めていたのである。それでも我慢することができたのはクラスに話せる級友がいたからであった。

四月に入って、心の丈を吐露できるクラスメイトが別のクラスに行ってしまった。

もちろん本人が健康であれば、違うクラスであろうと飛んでいくわけだが、二年生に進級したときは、親にも見せなかったが彼女の内側はストレスで身も心もボロボロだったのである。外界の刺激に耐えうる生体のパワーが枯渇すると、これまで何でもなかった事柄でも「圧」となる。

内圧量がめっきり低下。空気の抜けた風船や、エアが少なくなったタイヤのようなもの。こういうとき身体は「周りとのストレス遮断」を求めるのである。必要なのは学校へ行かないこと、つまり「不登校」で身の安全を確保し少しでも不安を避けようとするのである。

何故なら、必ず「不安」が付随するが故に「退行現象」(regression)を伴うというのは周知のこと。彼女も両親のベッドに潜り込んで、夜は自分の部屋で眠れない期間が長く続いた。不登校生で高校の男の子が母親と添い寝を求めたりするケースは少なくない。

閉じこもりのプロセスは大体こういった経過をたどるのである。

もちろん急性というのもある。受かるはずの入試が不合格と知らされた時や、最も信頼していた人に裏切られる時のように、生体の機能がガラガラと崩れてしまうほどのショックに直面させられた時である。災害ショックもその一つであろう。

Y子はかくして中枢性の疲れが蓄積され、それが頂点にまで達したのである。

このような不登校生の多くは「睡眠遅延」という状態に陥る。昔から私はこれを「眠りボケ症」と名付けている。この睡眠リズムが崩れたときに、精神症状を誘発するのである。精神科医の処方箋に、ほとんどの場合、睡眠薬を入れているのはその証拠である。

外の「圧」を強く感じつつも、「学校へも行かねば」と自分を責めるのでかえって不安感が募り、身動きできなくなる。Y子のようなタイプは、几帳面で生真面目、責任感が強いので、外向きには「ハイ」と約束してしまう。このあたりの心の機微を詩にしてくれている不登校の児童がいる。紹介しよう。

R子は中学三年。小学校高学年からいまだ登校ができていない。小学五年の時の詩である。父親が我が子の詩から心の秘密を知り冊子にしたのである。

―約束―

約束があるから私は生きていく
「明日」という約束の日
でもそれはいつ来るかわからない
だけど私は待ちつづけている

―心のカレンダー―

時がたつにつれて「悲しさ」を感じる

このまま自分だけ
ここにおいていかれるような気がして
そうだな　今日と明日
そんな一瞬で自分が変わるわけないけど
一ヵ月が過ぎてカレンダーをめくるたび
私の「弱さ」の皮も一枚ずつ
めくられていくといいのにな……

R子詩集「見下ろす」

彼女の思いが、染み入るように読む者の心の懐にまで入ってくる、そんな詩である。これを書いたR子も、先ほどのY子も「昼夜逆転組」である。そして周りの大人たちから見ると「無気力」そのもの。行けそうなのに出ていかないのである。「どうして！？」が親や周りの大人たちの最大の関心となる。しかし当人はそれに答える言葉を持たない。

無気力と生体のリズム

では一体、その中枢疲労がもたらす睡眠システムの直撃による、生体リズムの崩れと無気力はどうつながっているのか。

子供は勉強ができないと即座に「怠け」と決めつけられ、教師はその子の人格まで駄目になったといわんばかりの対応をしがちである。子どもが勉強をしないのは「したくない」からだが、大別すると二つのタイプに分けられる。「飽和状態」というか、学習に飽きをきたしている場合と、勉強は続けたいのに「頭が働かない」というタイプである。

例えば、計算の量だけをこなすことに専念する「算数教室」では、わかりのいい子はすぐに嫌になってしまう。これは当然であろう。にもかかわらず、一定量の課題を押しつけられ、それを全てやりこなさないと先に進めない仕組みを敷かれてしまうと、それが災いして当人は学習意欲を失い、無気力となるのである。

この構図は、眠たいときに「本を読め」「考えろ」「記憶しろ」といわれても頭が受けつけないのと同じである。水で顔を洗って目薬をさしたからといって間に合うものではない。飽きやオーバーワークによる中枢神経の疲労が主たる理由なのである。まずは眠ることで神経の回復を待つべきだ。

とりわけ夜の学習を優先させる進学塾では、昼間の疲れを無視して緊張を強いるので、「過熟児」たちの日中の学校生活は無気力となる。そうすることで、彼ら・彼女らは休息を取っているのである。「夜にならないと頭が働かない」というリズムがいつのまにかインプットされた、ある種の「時差ボケ症」となるのである。

夜間徘徊が日課（？）で時に非行へと走る「やんちゃ」な中学生たちも、大半がこうした「時差ボケ症」になっていて、生体のリズムを崩している。私たちの生体は天体の運行に沿うよう太陽に支配され、いわゆる「概日リズム」を保持しているのだが、このリズムから外れると身体が不適応症状を起こすのである。

松果体という脳の働きがその濃度によって日周変動を示すメラトニン（脳内伝達物質）の分泌を触発し、視交叉上核という時計のような脳の働きが生体のリズムを無視した生活を身体に強いると、決まって「不定愁訴」症候群に陥ってしまうわけだ。

ストレスの悩み相談にやってきた、ある女子大生は以下のような作文を書いてくれた。大学入試センター試験を控え、苦しんでいた高校三年の頃の思い出をつづったものである。

「今思えばあの頃の私は確かに異常だったのかもしれない。

私はセンター試験を受けるため、土・日は模擬試験や資格取得に励み、とにかく勉強ばかりしていた。夏休みも冬休みも、朝から晩までぎっしり組み込まれた補習のスケジュールをこなしていった。

そんな生活を続けていった結果、体調が悪化し、精神的に不安定になった。不調が現れたのが運悪くセンター試験の二週間前だった。肩凝りがひどくなり、朝、肩の激痛で起きられない日もあった。

また食生活が、朝食を抜いたり夜遅く食べることが多かったりして乱れていたので、センター試験の一週間前になって、私は極度の疲労と緊張から食べ物が喉を通らなくなった。毎日が不安でずっとセンター試験のことばかりを考えていた。何のために試験を受けるのか、何のために学校に行くのか、あげくの果ては、何のために生きているのか、といったことまで考えた。私は誰とも口をきかずただ机に向かっていた。だけど能率が上がるはずがなく、勉強もあまりはかどらなかった。」

彼女がこのスランプを抜け出したのは、バッティング・センターに友人が連れ出したからだった。

そういえば昔から、「頭の病気には身体を使え」といわれる。人間の基本は生体である。血が隅々まで通うことで生命が支えられているのであるから、心理的なリスクファクター（危険因子）で痼った身体に活を入れるのは運動しかない。

生徒や我が子が「勉強しない」「やる気がない」と嘆く前に、「身体を動かしてみては」「生活のリズムを整えてみたら」と手を差し伸べるといった心遣いを教師や親に持ってもらいたいものである。

熊本大学医学部・発達小児科の三池輝久教授のレポート「四〇〇例以上の睡眠異常すべてに効いたメラトニンは、登校拒否にも大変有効」（『ゆほびか』一九九六年四月号）を読むと、不登校生徒は、慢性疲労症候群によく似た「学校疲労症」ということになりそうだ。

たしかに先に紹介したY子が、学校を意識するだけでパニックが起きるというのは、学校環境下におかれることが過度の「感情労働」となり、その延長上に不登校が待っているわけだ。いうなれば、とりあえずこの「学校ストレス」から身を守るには遮断しかないと思い込んでいるといえる。

では、そこまで劣悪な心身の状態に至った経緯、とりわけ身体的生理上のカラクリのベースは何なのか。三池教授は「睡眠相遅延」と言い切っているのである。ではなぜに遅延的身体症状を人は背負い込むのであろうか。その理由を教授は「中枢性疲労症候群」にありと説明している。

前にも触れたが、このことは「感情労働」という新語の感覚で考えてみるとよくわかる。不安を先取りし周りからの「圧」を感情的に取り過ぎるのである。

私は不登校生の大半を「気疲れ症候群」ともいっているのであるが、「不登校生」になるというのは、生体の機能の働きが、外的学校環境に耐えられなくなっているということである。

不登校に至る経緯には個人差があるとはいえ、外圧のパワーに押されてしまうので、「閉じこもる」ことで身を守るわけだが、こういうとき家は保護区だから、そこにいる限り安全は確保できるといえる。しかし家の中であろうと、心のトラウマが脅迫的に本人の内面に滑り込むと、寝ても醒めても外敵が侵入するわけで、こうなるとやはり薬物療法か転地療法といった、確実な遮断を保証しない限り状態は症状化してくるといえる。

生体のリズムが崩れ、耐性量も落ちる。ダブルパンチで「無気力」なる症状が固着化するわけである。要は深い眠りの確保ができていないということである。疲れの回復というリズムが喪失していると考えていい。

症状として気力の喪失、焦燥感、不安感、時に絶望にとりつかれ、また悪夢、金縛りにも心を痛め、身体の倦怠感、食欲不振、腹痛、頭痛、発熱、湿疹など、ともかく「快適状態」ということからは遥かに遠く、気分の変異もしくは人との関わりを拒否し閉じこもるのである。

まさに、鬱的自律神経失調症候群ともいうべき状態が、「無気力症」の典型症状なのである。それに至るリスクファクターこそ、生体リズムの崩れと考えた方がいい。

助力の設定こそが急務

要は睡眠のリズムを正常にすることで「中枢疲労」の回復も保証されるのである。しかし外的・内的環境の現状では、眠りは阻害されるので、脳内伝達物質の「メラトニン」を薬物服用のように使ってくださいということになる。

しかし、問題がこれで終結するのかというとそうではない。たとえそれでいくらか正常ラインにもどせても、本来的、本質的に「学校の圧」が無くなるわけではなく、復帰しても状態は元のままである。ごく初期だと疲れを癒しさえすればいいのだが、もともと環境因そのものがもたらす外的刺激の圧がトラウマと重なっていて、生体拒否が長く続いた場合は第三の道が必要である。その典型例が、「バイパス」説である。フリースクールはその原型といえる。

文科省は、公・私立問わず、フリースクールに通うのであれば正規の出席日数と同じ扱いにしてもよいという通達をしている。またフリースクールが遠隔地なら、通学定期の購入証明書も発行しなさいと指示をしている。
次の例は、私の主催していた「六甲スクールレススクール」（所在地・兵庫県西宮市）に通っていた国立大付属中の生徒O君が学校よりもらった実習証明書である。参考までに紹介しておく。

第1号
「実習神運第75号特認」
実　習　証　明　書
学　　籍　3年1組
氏　　名　O・J
生年月日　昭和○年10月7日
住　　所　A市○○町
実施施設名　六甲カウンセリング研究所（TEL　0798－7－3900）
施設住所　〒662　西宮市光風園1丁目7番5号
上記の者、平成6年1月11日より上記施設に実習のため通学していることを証明します
国立K大学付属A中学校
校長Y・S

O君は結局、一日も元の学校には戻らなかった。中学校は卒業、高校から軌道に乗ったのである。

P君は名門進学校で有名な私立の中学受験に失敗、亜流校の特進クラスに入ったものの、進学だけが教育という、いかにも経営主義丸出しの校風を嫌い一学期で脱出、地元の中学校に転校した。しかし、公立中の生活にも馴染めず、二年生を休んでしまったのである。三年になり、六甲フリースクールへ。敗者復活の高校から大学、就職と、ただいま順風満帆の国家公務員生活である。

「無気力」はSOSのサイン。しかし当人はなぜかと問われても回答は不可能なのである。意識化、言語化されない心の圧や傷にさいなまれ、そのことで起きる身体の症状にひきずりこまれているのに、周りから「怠け者」と見られ疎んじられてしまうのである。

まず、「身体の機能」が不登校生の場合どうなのかをしっかり観察しつつ、的確な診断が必要である。さてこのあたりで児童・生徒が無気力化するに至るタイプの典型を、長年携わってきた私の臨床経験から述べてみよう。

研究所の所在地が、阪神間の私鉄沿線の最寄りの駅から近いということもあり、「受験学習」の疲れというか、飽食状態の「ひと休み組」の来談が多かった。今でいう慢性疲労性症候群的症状を伴うものであった。この症状の来談者の占める率が、当研究所では高いのである。

以前は、高校の進学者が大半であった。次第に学年が低下し、現在は小学四年の児童でもうすでに「ゴロゴロ」症と化している。これまで述べた中枢性疲労症候群という、別名鬱的自律神経失調症候群である。ここまでに至ると回復までに三年は要する。私は「三年寝太郎」説を提唱しているのだが、本当に三年間は待たないと元に戻らない。フォアグラのようにフニャフニャなので、引き締めるには時間を要するのである。いわゆるフォアグラ・タイプの眠りボケ症候群こそ、中枢性疲労の結末といえる。

なぜそこまで悪化するのか、本人が、疲れが原因であることを口にしにくいし、周りも努力しないことを悪と見ている。休ませることは甘えさせることだと罪悪視する。怠けることは休息でもあり、「明日への糧」とは受け止めない。このガンバリズムが病的なところへ引き込むのである。

今ひとつ、「学習効果」という見地からの心理学的知見に疎い進学塾教師の経営先行マインドも見逃せない。

入塾当初は学習効果があり成績向上となるため、ついつい無理をし過ぎて過労に陥っているのを見逃してしまうタイプもあれば、もともと強化学習、ペーパー学習に適応しない頭のタイプの子もいるのだが、しかしこういったタイプに「努力的時間=成績向上」の公式だけ押しつけお尻を叩くわけである。当然のことそういう子は脱落していく。かくして、学校や進学勉強を拒否するという無気力人間と化すのである。

三つめは、対人関係の緊張による気疲れ症の結末である。今このケースが少子化の時代とともに増加の一途を辿っている。

最後は「人間が怖い」となる。そのためペットやパソコン、ゲーム機にアニメ、そしてマンガなど、非人格的対象との関わりに身を置くことが安全だと閉じこもる。そのような子の数が推定で百万とも言われている。

「いま私は・僕は、こんな気分で閉じこもっている」と、言葉による表現ができない子たちが不登校化し、無気力を背負い、周りとの壁を作ってしまっている。臨床心理に関わる我々にとって、当人が自ら「身と心」の異常に気づき、それを表出、表現することができやすい場の助力設定こそ、急務といえるのではないだろうか。

結語

我が国の携帯電話の利用は二億八千万台の数にもなっている。あっという間の普及である。当初と比べると、人前で、車中で、路上で、携帯電話を使用する人たちへの蔑視の眼差しや過敏反応はおさまってきている。何故だろうか？

お互い使用していることに、ある種の「快感」を共有し始めたからである。

1．電話が繋がっていることで、マンツーマンの絆が確かめられる。

2．周りのことが遮断できる。

3．自分だけの電話という所有感に満足している。

4．何時どこでも、かけたいときにかけたいところに通じる。

こういった点こそ、人と人が日常生活にあって、いかに直接の人間関係を煩わしく感じているかを示しているものといえよう。すなわち、距離を保持しないと人と関われないのである。

無気力の背景には direct な personal relation における stress の過剰が潜んではいないか。私たちの身と心の関係にもっとメスを入れる時が来ていると思えて仕方がないのである。

第八章　教育カウンセリングの課題

生体の個体差の発見

日本の公立系小学校・中学校の大半は、文部科学省のサポートを得て「スクールカウンセラー」と関わっている。何十年も前から「スクールサイコロジスト」を入れていた米国の教育制度に比べ、その遅れは「格段」とはいえ、遅まきながらも現場はスクールカウンセラーに支えられているところが大きいといえる。

更には、平成七年一月に発生した阪神・淡路大震災によって受けた、児童・生徒のいわゆる「PTSD（心的外傷後ストレス障害）」への速やかな対応の要請が制度化に拍車をかけたのである。

ところで、スクールカウンセラーの選定では、「臨床心理士」が優先している。それ故、都道府県や教育委員会は、人材を、その地域の「臨床心理士協会」に依存しているというのが現状である。果たしてそれでいいのか。

最近身近なところで耳にする「スクールカウンセラー」の活躍振りに関し、困った情報が目立つようになってきている。こういった臨床心理士の苦情受付担当者がいて、対応者を決めているとか。

何年か前、二〇〇万都市の教育委員会の要請で「スクールカウンセラー当人と、カウンセラーを受け入れている学校の校長ないし教頭」を対象にした研修会に講演を依頼され出かけたことがあった。

教育委員会の意向は「ハッパをかけてほしい」ということであったので、私はスクールカウンセラーの欠けている点、及びその不満は教師・父兄・子どもたちから見てどこにあるのか、発題的に指摘したのである。

とりわけ「生体リズム」の崩れを前提にした子どもたちの適応障害に、心理的負因からだけにとどめず、例えば、「自律神経の拮抗のメカニズムやその失調」についても分かってほしいと。

分かりやすい話として、同じ頭痛でも締めつけられるような痛みを訴え青い顔をする生徒と、ズキズキすると真っ赤な顔で保健室に飛び込む生徒とでは、自律神経の働きのタイプが違うということ。前者は正交感神経優位で、後者だと副交感神経の優位でそうなるのであり、ストレスを生体が受けたとき、いずれかのタイプで症状の主訴も異なることなどを話したのである。

あるいは、不登校という適応障害系の問題を、かの有名な臨床心理学者の説いた「父性原理欠如」などといった見地では、正しい診断からますます逸脱するといった、「中枢疲労症候群」の話などを私の具体的な臨床体験に基づいて示唆したのである。

実際、学習問題の場合でも飛び抜けて出来る子や、知能のレベルにおいて限界と思える児童・生徒だったりする。これは、本人の努力だけで片付く筈はなく、そこには能力の特性と教師の対応という課題が生じるのである。

大阪府の堺市で当時一学年が二十四学級、しかもクラスが五〇人近い生徒で教室は満タンの中学生一二〇〇名中、後に東京大学の理Ⅰに入った生徒が一人いた。文字通りの秀才であることが免罪符となっていたのか、当人が学校をサボっても遅刻早退があっても、教師は一言も注意することが無かったという。

秀才N氏と兄弟のコンプレックス

因みにこの秀才君は、整理整頓するのが不得手のいわゆる片付けられない子だったとか。

「勉強はどうでもいい。もっとキチンとしなさい！」と三六五日母親に小言を言われていたのだという。

本人は三人兄弟の第一子、第二子弟君の成績は中の少し下。美術、工芸に優れている。

しかし兄と三学年違いが災いして、中学校では兄を受け持った教師群に、「何でお前は出来へんのか！」とさんざん言われ続け、今も当時を思い出すと心が疼くという。いわゆる教師の軽薄な言動が起因した「ＰＴＳＤ」に今も苦しんでいるのである。

末子の妹は、成績が上の中あたり、近くの国公立大は合格可能だったとか。「うちの兄弟の頭は全部兄に吸われて、二人とも空っぽになったのです」と、今は二児の母親になったT子の言である。三人三様とはよく言ったもの、頭の働きの違いにこうも差があると、出来ない方は諦めるしかない。そして次のようなエピソードを話してくれたのである。

「兄の東大合格発表と、私の公立高校合格と同じ日時だったのです。先に私の方が分かったので父も大喜びするだろうと、父の会社に電話して呼び出してもらいました。『お父さん、合格よ！』というと父は、声を弾ませて『よかった、よかった！』の応答で喜んでくれたのでハッピーだったのですが兄の東大合格通知と勘違いしているのがすぐ分かったのです。『なんだ、お前の方か？』って。がっかりした私は、『お父さん、嬉しくないの？』と言うと、『お前が合格するのは当然だからなぁ！』と、妙な言い訳をするのです。あの時『あぁ、やっぱりできる兄を大事にしている』とがっかりしたのを覚えています。だからでしょうか、人を見る時すぐに能力差で識別してしまうのです。今思うと、心の傷というか劣等コンプレックスが染みついて、意識の底にでーんと居座っているのかもしれません。」

こんな話を聞くと、日本人の家庭環境の文化に頭の働きと人間の価値観との因果関係あり、と思うのも致し方なしといった思いをしてしまうのである。

O君の知能の宿命

A市の公立中学一年のO君は、教室で授業を受ける間、いつも介添えの助教師（？）付きである。

O君の顔は、授業をしている教科担任の方に向くのでなく、横にいる助教師である。

授業の最中、ぼそぼそと周りの生徒に気遣っての助教師の小さな声に耳をそばだてているO君。

授業はどんどん加速、付き添いの先生は焦り、懸命に説明するのだが、時間が経過するだけ。O君には何のことか、結局わからないままである。

知能テストの結果だが、IQが六二である。せいぜい小学校三年のレベルにしか到達しない脳力なのである。これで介添え役の助教師の役割は果たせるのか。

親や本人が普通学級にいたいという願いに沿っているだけ、教師には実情が分かっていても、親にこれでは困るとはっきりと言えないのが学校現場である。

よく出来る子には国公立付属の小中や私立の進学校がある。しかしO君などの場合、普通学級にこだわる限り、このギャップは埋めようがない。これが六・五％の出現率とされる「学習障害、注意欠陥多動障害、高機能自閉症」となると、どう教師群は助力的に対応すればいいのか。文部科学省がまとめている「特別支援」の狙いは分かるとして、どこまで現場は対応していけるのか。とりわけスクールカウンセラーの責任は重大である。

それだけに、学校における児童生徒の適応障害に至る背景をしっかり見据えた、的確な心理診断が多角的・多面的になされた上での取り組みの示唆を、学校側とタイアップする「スクールカウンセラー」がいま求められているといえる。

LD、ADHD、アスペルガー等々の生徒以上に圧倒的な数の不登校生がいるのだが、そのほとんどが必ずといっていいほど、医師のところに出かけ、「不定愁訴」ならぬ身体の不具合を訴え、薬を処方して貰っている。スクールカウンセラーが専門外だからと逃げてもいいものではない。教育相談業務の専門家なのだから、子どもたちが貰っている薬を見て、どのような診断結果であるのか、見分ける力がないといけないのではないか。

不登校生の主訴とサイコメディカルな対応

一般的に不登校の児童・生徒に対し、医師の対応は次の三つのタイプである。

1. 「どこも悪くないのに何で行かないのか」と問う。
2. 「とりあえずこの薬を飲んでみよう」と薬の作用の説明を曖昧にしての処方。
3. 「いや、うつ症だね。薬を出すのできちんと飲んで……」と薬物だけに頼る。

どちらにしても、とりあえずは薬物を処方してもらっているのが大半である。ところが、そのように医師から薬を処方されて服用している児童・生徒の状態に鈍感なカウンセラーが多いのが問題なのである。

「不登校」というのは、現実の学校生活のリズムに馴染めないのに無理して行こうとするから生体が反応し、症状が顕在化しているが故に、まずは生体の不具合を整え、そのしかるべき後で「話し合い」が可能なのである。

皇太子妃時代のかつては二度にも及ぶ美智子上皇后の「失声症」も有名なエピソード、要は生体の働きが外圧で疎外された時、生じる心と身体の防衛の歪みなのである。

私の不登校問題に関してのカウンセリング手法は、①薬物　②遮断　③退行　④希望の四点セットに立脚している。

不登校は一〇〇%回復し、引きこもりに陥ったりしないという私の心理臨床のこれまでの成果は、この四点セットに基づくものである。

ところで学校内の人間関係、教師やクラスメイトを含め、学校環境にあっての心の傷つきが、本人の生体リズムを失調させるほどのストレス体験の結果、登校できない児童・生徒はごまんといるのは周知のことである。しかしそれ以上に深刻なのは、学習や環境との過剰適応のため疲労困憊し、落ち込んでしまういわゆる「いい子」の不登校なのである。その典型は、単独選抜制校区内のトップ校に進学した高校生の不登校系適応障害である。

適応障害

小・中の六年間、五段階だとまずは四と五の評定の持ち主である。出来る子、素直な子、優等生、秀才タイプ、リーダーシップの持ち主など、いわゆるいい子の評価の視線を浴びてきた、その反動がトップ校に入学すると出てくるのである。

トップクラスの子の中で更に「上位」を保持しようとすると、そのメンテナンスのために費やすエネルギー量は莫大である。

自律神経の営みに負担がかかり、疲労の蓄積が失調化させてしまう。出来る子たちの集団だから、別段上位を維持する必要もないと分かっていても、上位でいたこれまでの長期間に回路化された「いい子」のイメージに沿わない学校生活に馴染めないストレスで、疲れるのである。

「まあいいや」と居直れる生徒はともかく、勝ち気で何事もまわりを意識して負けられない気性の生徒にとって、良い成績を保つためにハッスルするのはいいとして、必ずそのつけが生体のリズムの崩れを誘発するという、疲れが起因した「身と心」の失調が予測できず、無気力症候群の渦に巻き込まれた時、あがけばあがくほど底なしの沼にはまり込むように沈んでいくのである。

となると多くの場合が、これまでのようにいかない『自分』を責め、ますます抑うつ状態に陥る結果となる。

集中しない、持続しない、すぐに眠気がくる、気力がわかない、微熱が出る、頭痛・吐き気感ありといった不定愁訴に取り付かれると、いよいよ不登校というより引きこもり化する。やがては親に伴われて、精神科・心療内科・内科を訪れるわけだが、ここが問題である。大半は「病気である」と思いたくないため、まず診療拒否をするというのが現状、プライドが邪魔するのである。

ここで、スクールカウンセラーやキャンパスカウンセラーがうまく仲介し、医師の「インフォームド・コンセント」ならぬ、情報の提供による認識と同意の方向に導く役割の重要さが問われてくるのである。

即ち、やる気、精神力の問題でなく、身体の機能の不具合現象なのであり、その症状が出て当然であるという話し合いがなされれば、子どもたちは気力回復を願っているのだから、必ずのってくる。怠け心のなせる業ではないということの了解が先決なのである。

となると、当然のことカウンセラーの資質として、不定愁訴の仕組みについて、それがいわゆる「身体言語」であることの心と身体の機能的メカニズムに精通し、その改善のために医師が、どのような薬を処方するのかぐらいは知っていなければ専門カウンセラーとは言えない。

スクールカウンセラーの課題

いま問われているスクールカウンセラーの大きな課題は、「聞いてくれるだけで、何も言ってくれない」「守秘義務だからと言って、何も伝えてくれない」という父兄や教師の不満である。

スクールカウンセラーは「同時通訳」的機能を持たねばいけないと私は思っている。双方の事情を了解していて、はじめて役割が果たせるのである。

子どもの不定愁訴の仕組みが分からない、学校教育現場が見えない、医師の処方が読めないでは、「臨床心理士」のライセンスが泣くというものである。単純にクラブ活動でつまずく、友人関係でうまくいかない程度のことで何も「臨床心理士」は要らない。いま学校は「専門家」を求めているのである。

その基準は、

1. カウンセラーのネットワークの力量。

2. 他の専門家に的確なリファァーが出来る。

3. その結果のフィードバックを教師・親・本人に正確に伝える。

4. 問題の主訴をトータルに把握できる。

等々がセットになっての作業能力の有無である。

例えばA高校の話だが、小・中でよく出来た生徒が、一年・二年の前半まで勝ち気な性格も手伝い飛ばし過ぎの結果、上位の成績を保ち自負心も満足し、好調だった女子生徒のU子、九月の二学期のはじめの実力テストの成績低下が引き金で落ち込んでしまった。

あきらかに中枢疲労だが、「疲労困憊」の域をオーバーしたのであろう。抑うつ症と診断するのに十分の主訴、「起きられない、活字にも目をくれない、好きだったテレビ・新聞にも関心を寄せなくなった」ので戸惑った親は、K市特定機能病院内の精神科へ本人を無理に連れて行ったのである。

医師の処方は抗うつ薬「ドクマチール（抗うつ剤）」を出すだけであった。どんな状態、どうして気力を失ったか、何故学校に行けないか、治るのかなど、医師に親が問いかけるのだが答え無し。ではこの薬の服用はどういう効果を予測しての処方なのか、も言って貰えないのを不満に思いつつ、ズルズル服用していたのである。

抗うつ薬だけという処方、医師なりの診療の結果の判断であるのはいいとして、せめて二週間を節目に様子を問診すべきでないのか、あるいはまた、この医師は「インフォームド・コンセント」をどう受け止めているのか、気になるところである。

医師への的確なリファー

U子さんに薬の効用を尋ねてみると、少しは気力が戻ったようだけど、まだ動けないとのこと。詳しく心身の状況を確かめると、「眠りのリズムが崩れたまま、不安感・焦燥感に悩みまわりの人間に過敏、学校の中の緊張感に耐えられない」とのこと。

前より一歩出ようとしているが、いざとなるとやはりまわりの圧に負け、引いてしまうという。こういう主訴の不登校生には、私は精神科に限らず、心身症のことをよく把握し、治療の面で効果を上げている医学博士T内科医にリファーすることにしている。何故かというと、例え偏ったと思える不登校生の主訴でも症状に捉われず、トータルに対応して貰うことにしているからである。いま臨床医学の流れは「トータルケア」に向いている。

まずは、中枢神経の疲れが素原因なのだから、バイオの機能バランスを整えることが肝心なのである。そこで内科医にそういった見地に立っての不登校生のリファーとなるのだが、T内科医の処方は、1抗不安薬　2抗うつ薬　3自律神経調整薬　プラス誘眠剤の四点である。

U子はこの内科医師の処方の薬を服用して三日が経過した辺りから、不安が遮断され、対人関係への恐れが少なくなり、登校ストレスの圧の感じ方も軽減したのか、長く休んでいた時の登校直前のパニック発作の思いに悩まされなくなったのである。

そこで、内科系のネットワークでサポートしていただいている医師にリファーする際の私の書いた紹介状のいくつかを例示したい。

紹介状　―ご紹介申し上げます―

T　先生　御机下

井上　敏明

前々からお話申し上げておりました、K中（私立進学校）二年生のY君が唯今学校に行けていません。夜の塾（週四回）は通えています。朝起きてこないので親御さんが心配しておいでです。不登校はすでに（二年の三学期後半から）三カ月近くになります。

本人に会えていないので、不明な点が多々ありますが、登校不安があるようです。薬のこと処方も、了承です。唯今、母親は交通事故で入院中、父親が面倒を見ておいでです。バイオリズムの崩れが固着しているかもしれませんが、本人は登校の意欲を持っておるかに伺います。そのあたりのことを含めましたところのご高診・ご指導のほどお願い申し上げます。母親も精神的負担で神経疲れ、そのことが起因しての事故に遭遇の感ありです。よろしくお含みのことお願い申し上げます。父親が一緒に参上いたします。

紹介状　—ご紹介申し上げます—

T　先生　机下

井上　敏明

過日申してましたK市お住まいのN様です。

ご長男のK君が対人関係の場面で、不安が強くなることがあります。小学校の四年生時のひどい担任との間のトラブルが起因してのPTSDと思います。

現在登校はできていますが、音楽の授業だけはトラブルのあったその女の先生に対して不安が強く、出ていません。

公立医療機関の医師は、広汎性発達障害の中の「特定不能」と診断しています。私の推測は、高機能児の過敏反応の資質に、学校内でのいじめなどの関わりで心的外傷を体験し、その後遺症がいま続いていると判断しています。

それにもまして、やはり外圧に過敏な現在、薬物で遮断も必要かと、思ってみます。

本日ファミリーで来所、これまで各所での診察などで嫌だったのか「帰りたい」の連発、検査などで辛い体験をしたかのようです。
父親に紹介状を持たせます。ご高診のほどよろしくお願い申し上げます。

「時が癒すことも」

大半の子は学校に行けている。であるのに、学校へ行きたくても行けない子がいる。因みに、令和二年度の文部科学省の統計だと小中学校の不登校の児童生徒は一九万六一二七人、八年連続で増加しているという。私なりの推察だがその原因は学校・学級という集団の場に身を置くのに必要なパワーが失われているというのが、共通の負因と見ているのである。

三十万都市の市立G中学校の女子中学生の二人が、私の主催している六甲スクールレススクールに三年間通所した時のことだった。公立中学校に通えなかったが、フリースクールには来られたのである。中学校を三年間遮断したことで、高校通学は二人とも皆勤賞もの、快適なハイスクール生活を楽しんだのであった。

中学・高校の不登校生たちが一八才になり、高卒資格を取得し、大学に進みキャンパス生活を生き生きと過ごして、無事卒業した何百人もの先輩たちに接してきて思うのは、学校に行けなくなったからと慌てて学校復帰に駆り立てては困るということなのである。

まずは身体的主訴の寛解、生体リズムの復調、もとのライフスタイルに戻るために、カウンセラーは医師とのサポートネットワーク作りを、これまで以上に工夫・努力することが、教育カウンセリングの今日的課題であるといえるのである。

ここで過剰な進学学習で慢性疲労状態に陥り、生体リズムを完全に崩してしまい、「不登校」となった小学五年K君の事例を記述したい。

子ども慢性疲労症候群K君の回復への道

〈主訴〉

四月の始業式の後、三週目に入った頃、「うちの子は登校できません。ずいぶん長い間辛抱したのですが、今は少しでも学校のことを口にすると物が飛んでくるので怖くて言えなくなりました。あの子の不登校と荒れ様を治してもらえないでしょうか。」と母親が相談にみえた。そして「フリースクールで預かってほしい」との依頼だった。

「頭のよい何をやらしてもトップ、誰よりも抜きんでて近所のお母さん方から羨ましがられ、『お宅のお子さん、どう上手に育てたのです?』と授業参観などで学校へ出掛けると、よく声を掛けられました。」とのこと。それだけ評判のよかった子が今は最低との嘆きの訴え。母親の話す一人息子A君の状況は次のようであった。

①小四の三学期から不登校。

②春休みの休息が四月からの登校の弾みになるのでは、の学校側の励ましで両親は期待を抱いたものの、本人の「行く」という言葉とは裏腹に朝が起きられない。不登校のまま二週間を経過。
③春休みは学校が無いのでリラックスしたのか、引きこもりをやめる。しかし四月から学校が始まると、完全に昼夜逆転の生活となった。
④かつては目が覚めると勉強一点張りだったA君、日中だけでなく床に入ってからもゲーム機を離さない。
⑤親の声掛けをことごとく干渉と受け取り、無視か反発。母親の我慢も限界を超え叱責すると暴言でやり返すか、時に手元にある物を母親に向けて（当たらないように気遣っている節があるが）投げつける。
⑥食欲減退、情緒不安定、無気力で投げやり、下着を替えようとせず、風呂好きだったというのに週一回程度となる。
⑦母がピアノ教師であることも手伝い、気分がいいと自分の部屋で歌っていたのに、最近は全く声を出さなくなった。
⑧目つきがきつくなり、今にもキレそうな怖い顔に親の方が何か起きそうで、不安というか恐怖感を抱く。
⑨「眠い眠い」の連発、しきりとあくびをする。小学三年より順調に行っていた通塾はピタリとや

めて出掛けない。熟睡と縁遠くなった。

⑩塾ではテストの結果は何時もトップに近く、もっぱらN中につぐ二番手のK中学校は絶対大丈夫と言われていた。

これらの話を教育臨床的視点でまとめてみると次のようになる。

〈不登校に至る心身症的プロセス〉

幼稚園時代より「優しくて利発な児」であるA君、音感とリズムの反応は最高、早くから字を覚えての読書好き。知能の高さ故、まわりの児たちと比べ何事も目立っての出来のよさ。それに気をよくした母親の思いが募り有名私学受験路線にシフト化されていったのである。

父親は国立大学系の工学部を出たシステムエンジニア、母親は音大出身のピアノ教師。とりわけ母親の教え方には定評があり、近所では高校の音楽家受験や音大のピアノ科受験生の指導で信用されていた律儀なキャラクターの持ち主であった。

こういった両親であったことも手伝い、A君のライフスタイルは親のプログラムに沿ったもので、その日のスケジュールはあらかじめ決められていて、親の期待に応じた成果を次々手にしていくのである。

進学塾ではトップのクラス、即ちN中・K中を目指す超秀才達と共に、何年も通塾する文字通りの

「過熟児」であった。

幸いというか眼はかたく、日中昼寝などすることがなく、覚醒時間を長期にわたって保つことができたので、次々提示される親のプログラムをこなすことが出来た。

学校から帰るとまずは、その日の宿題を済ませて塾の予習をこなす。そうしないと外に出る事は許されていなかった。夕方直前には「塾」へ、一日二科目を週に四回、帰るなりまた復習を済ませてから夕食兼夜食、就寝はいつも夜半であった。

小学五年の夏休み前までは順調であった。ところが夏季の塾による強化学習二週間で疲労困憊に陥ってしまった。この強化学習、繰り返しがモットー。いわゆる「頻数の法則」を主とするもので、洞察学習というより記憶学習オンリー。体に言って聞かすという条件反射的学習法であったからか、理屈派のA君には馴染めず、一度分かったら先に進めばいいのにと、不満が募っていたのである。知能レベルの高い児童にとって、こういった粘着的ワンパターン型の学習は「ストレス」となるのである。

その後学習疲れが目立ち、体調が崩れ出した頃、ドーンと風邪症状を背負い込み、一週間学校を休んでしまった。不登校がはっきりしたのはその後である。寝込んでしまうと、これまでの疲れが一度に噴出して動けなくなるのである。

この時すでに中枢性の神経疲労下にあった、とまわりが了解すればいいのだが、そこが難しい。頑張りのきいていた子のダウンだけに「怠け」と見てしまい、元に戻そうと親はハッパをかけるのである。この干渉が本人へのストレスとなり、ますますその圧から逃れるために退行化していく、その反動がいわゆる時差呆けへ彼を引きずり込むのである。

内科医の言だと、「脳が休息を取れず疲労が蓄積し、脳機能が全般的に低下してしまうので、集中力、思考力、記憶力のほか、内分泌や消化吸収代謝などの脳の生命維持装置の機能が低下して、生きる気力が失われる」ということになる。まさに「中枢性疲労症候群」を背負い込んでいたのである。

こうなると、まわりの励ましや干渉、叱責は全部「毒」、即ちディストレス（distress）である。その病んだともいえる心と身体の仕組みに気付かない親や教師とスクールカウンセラー、更に悪いのは子どもを追い詰める進学塾講師である。A君もその犠牲者の一人であった。先に述べた家庭内暴力も、子どもの最後の抵抗といえる。

そこで当時、私どもフリースクールはどう対応したのか、以下にその経過を辿ってみたい。

〈フリースクールの対応〉

私は親の主訴と子どもの様子から、「眠り呆け症候群」の状態にあると判断、まずはこのいわゆる「時差症」からの脱却を、いかに工夫するかを考えた。

治療ステップは、①薬物　②遮断　③退行　④希望の四ステージを想定している。①と②はあくまでも身体リズムの回復を考えたもので、③と④は心理的回復のためのステップである。

A君にとっての①と②は?、まず子供のストレスに詳しい内科医を紹介し、抗不安薬と誘眠剤の二種の薬剤処方の依頼と、学校を休ませ遮断をはかり回復を待つことにした。まずは気力回復が先決というわけである。

しかし残念なことに「待つ」ことの出来ない母親の焦りが災いし、家庭内のトラブルが激化、親子関係が最悪となった。勝ち気で気の急く母親には、家にこもったまま何もしないわが子に耐えられなくなったのであろう。親と子を離しての入院治療をある大学付属の病院に紹介したのである。

入院による集中治療の狙いは、固着した時差症の寛解にある。そのための治療法は、睡眠のリズムを取り戻すメラトニンの大量服用と、覚醒を条件化させる光の刺激法の組み合わせである。ずれ込んだ体内時計を元に戻すわけだが、それにはベッドの上に特殊な太陽光と同じ光の照射を生活リズムに合わせて工夫し、就眠直前にメラトニンという脳内伝達物質を服用させるわけである。

さて、こういった治療が功を奏し、A君のバイオリズムはごく普通の眠りの身体感覚を取り戻すことになったのである。因みにその時間状態を母親が記録しているので紹介しよう。

氏　名　○○　○○

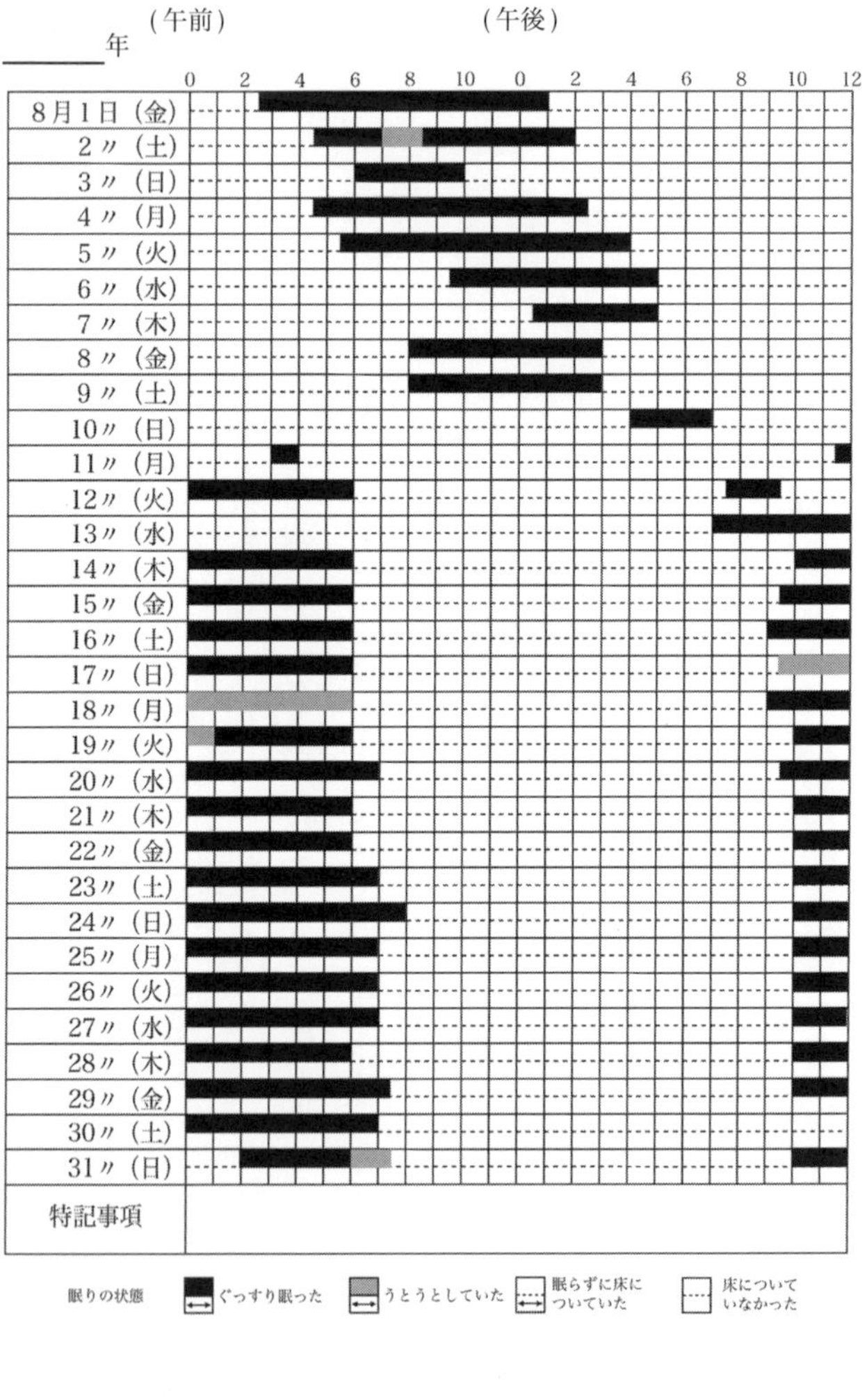
年
(午前)
(午後)
0 2 4 6 8 10 0 2 4 6 8 10 12
8月1日（金）
2〃（土）
3〃（日）
4〃（月）
5〃（火）
6〃（水）
7〃（木）
8〃（金）
9〃（土）
10〃（日）
11〃（月）
12〃（火）
13〃（水）
14〃（木）
15〃（金）
16〃（土）
17〃（日）
18〃（月）
19〃（火）
20〃（水）
21〃（木）
22〃（金）
23〃（土）
24〃（日）
25〃（月）
26〃（火）
27〃（水）
28〃（木）
29〃（金）
30〃（土）
31〃（日）
特記事項
眠りの状態
ぐっすり眠った
うとうとしていた
眠らずに床についていた
床についていなかった

氏　名　○○　○○

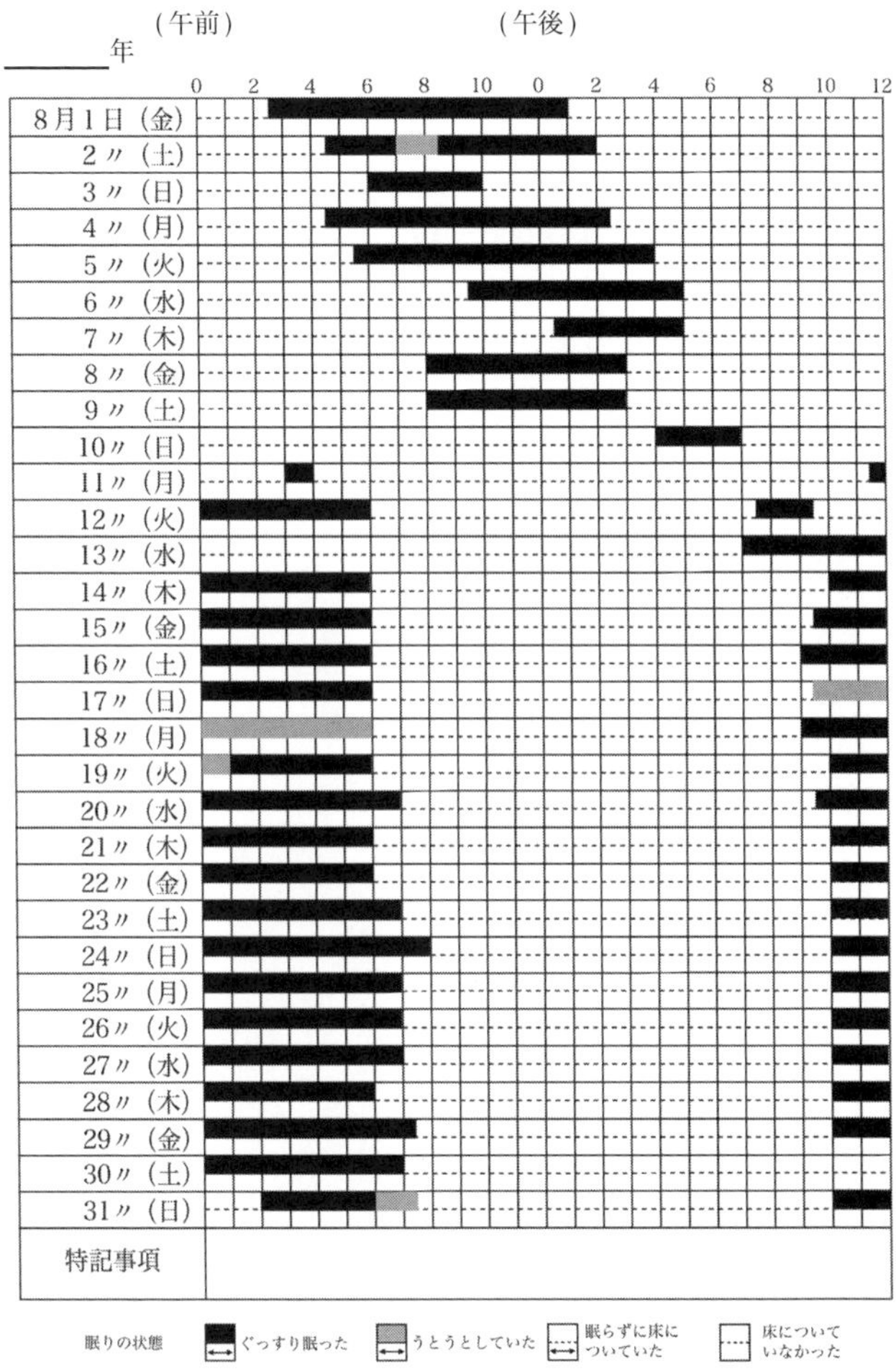
年
(午前)
(午後)
0 2 4 6 8 10 0 2 4 6 8 10 12
8月1日 (金)
2〃 (土)
3〃 (日)
4〃 (月)
5〃 (火)
6〃 (水)
7〃 (木)
8〃 (金)
9〃 (土)
10〃 (日)
11〃 (月)
12〃 (火)
13〃 (水)
14〃 (木)
15〃 (金)
16〃 (土)
17〃 (日)
18〃 (月)
19〃 (火)
20〃 (水)
21〃 (木)
22〃 (金)
23〃 (土)
24〃 (日)
25〃 (月)
26〃 (火)
27〃 (水)
28〃 (木)
29〃 (金)
30〃 (土)
31〃 (日)
特記事項
眠りの状態
ぐっすり眠った
うとうとしていた
眠らずに床についていた
床についていなかった

〈回復への道〉

病院から帰ってからのA君に普通の生活が戻ってきた。すぐに登校とはいかないので少し準備期間をおき、その後行ける日には行けばいいと本人の自主判断で動くことでOKの日々が始まった。そうしているうちにフリースクールにも通うことが出来た。不登校の渦中から登校復帰の前までの通所状況を見て頂きたい。

心理的にも変化が見られた。体調が回復したからか通塾で回路化されたK中学でなければとの思い込みが薄れた。柔軟な対応が可能となった。気力が蘇ってきたのである。公立中学三年の生活を経て高校入試の際、総合選抜制から単独選抜制に変わるという情報を本人に伝えた。親子共々に、県立のトップ校から国公立大学進学への可能性を、抱くことが出来た。

毎週木曜日の午前、母親のカウンセリングを当研究所の臨床心理士が担当した。ようやく登校が可能になった頃、母親は当研究所のカウンセラーに次のように語ってくれている。学校復帰でほっとしたのであろう。

〈六甲スクールレススクールは何をサポートしたのか〉

「わが子が、病的な状態になるほどの無気力といいますか、放心したような『怠者』になるとは夢にも思ったことはありませんでした。急に何もしなくなった時はまさに青天の霹靂、どうなったのだ

ろうと私たち親の方が変になりました。その後遺症で私は今も少しですけども安定剤を服用していま
す。何時またどうなるかと、やはり不安はありますので。私が先に動揺するとあの子にもよくありま
せんから。

まわりのお子さんは、それぞれのペースでどんどん進んでいくのに、自分の子だけ何でうまくいか
ないのかと焦りが出てきて、これまで何もかも計画通り行っていたのにと、悔やむ日々を過ごしてい
ました。どうしても子どもにきつく当たっていたと思います。それであの子も疲れるとは受け取らな
いで、やれない自分に腹を立てて不機嫌になっていたのだと、今になって思えるのですが、悪い時は
余裕がありませんでした。それでも何とかせねばと考え、主人にも話しましたら『まず情報を集める
のが一番先にすることだよ』と指摘されました。

そこで図書館に出掛け、『不登校』の本を片っ端から読みました。どれもぴたりといかないので、
大きな本屋さん巡りをしました。何冊かまとめて買い、読んだ中で、井上敏明先生の書かれた『無気
力症』が全て当てはまったのです。あの時は『六甲へ行けば治る』と嬉しくて飛び上がりました。主
人を説得し初めて寄せて頂いたのが、今から丁度一年前になりますね。

あの時『日にち薬』も必要と言われ、また『悪くなる時も良くなる時もすべて時がありますよ』と
言われたことが印象的でした。それに具体的な手立てを示唆して貰えたのも助かりました。
①薬を使ってでもバイオリズムを元に戻す　②学校から離れストレスを遮断する　③その代わりフ

リースクールに行って小集団の中で子どもたちと交わり、心のやり繰りのテクニックを体験学習で覚える　④それが出席日数にも換算される　⑤まずは心身のリズムを整えることが無気力からの脱却の唯一の道と理解できたことは、息子の将来性に結びつき親が楽になりました。

退院してからは、井上先生のおっしゃっていた通りの回復が見えてきたのです。しかしすぐに学校復帰でなく、フリースクールとの付き合いで助走し、時期が来たら飛ぶ力が出てくるというのがよく分かりました。やはり六甲スクールレススクールに縁が出来てよかった、と親子三人で感謝しています。

それに私たち親の方も、息子の苦しい状態から抜け出たことで勉強させられました。親の尺度でしか見てなかったのですが、この尺度はまさに親の自己中心的なもので、あの子の心と身体の営みの大変さの理解をしてなかったことがよく分かり、今はあの子のお陰で私たちも成長したと思います。見方が変わったのです。

それにしましても、小さい子でも中枢性疲労ってあるんですね。これからはあの子の感情の表出がもっと楽になるための、自己主張の技法を身に付けてくれたらと願っています。

卒業を目の前にしての三学期をきちんと登校してくれたことが、何よりの子どもからのプレゼントと思っています。」

不登校の学校復帰はまさにケースバイケース、復帰までの助走の距離は児童・生徒によって異なるといえる。

小学校では、その学年を遮断、次の学年での登校に目標を置き、何がなんでもすぐに学校復帰の考えを外す。

中学校だと、中学時においてというよりも、高校進学が復帰のステップとなる場合が多いのである。即ち、長いスパンというか、パースペクティヴを前提に考えることが第一といえる。

身体的不調を念頭に

学年トップの成績優秀なY子、才媛だが情緒不安定な女子生徒と学校内で噂されていた。家庭内でも一度不調になると手に負えないという。そんな娘の将来を心配した親が相談にみえた。様子を聞いてみると、単純に情緒不安定と言ってしまえない生体反応の突出があることに気がついた。

どうみても「生理の始まる前」に調子が悪くなるという。そこで私は「月経前緊張症」を疑い、ドクターのサポートを求めることにした。本人のもともとの主訴は摂食障害、しかし当人と話し合ってみると、女性特有の生理のリズムとの相関関係と分かった。黄体ホルモンの分泌リズムに、何やら不具合が起きているのである。そこで次のような紹介文を持たせ、Tクリニックを紹介することにした。

紹介状―お願い文認めます―

T　先生　御机下

井上　敏明

Yさんの主訴ですがeating disorderもさることながら、話を聞いてますとpremenstrual tension syndromeかなと思いチェックして貰いました。可哀想にオーバーラップしているようです。いわゆるpsychologicalというよりも、Y嬢の場合、somaticといいますか、身体的発達上の変異の方が邪魔をして、heartをゆすぶっているように思えます。その見地からも、いかにbiological側面での本人なりのmechanismとのつき合いのself-cognitionが、より必要かとも思っております。

Psychologicalで自分の弱さを気にするというより症状がselfをゆさぶるといった受け止めが大切では、と私なりのinterpretationを本人にぶつけてみました。先生のご見解は如何でしょうか。

P.S.　悩むというより、そういう体の仕組みとの付き合い方に思いを注視する、といった考えの導入を勧めてみました。

T医師はホルモン系の専門医でもある。紹介の内容を念頭に入れての丹念な問診で月経前緊張症と診断、処方は抗不安薬と排卵抑制剤の二種類、本人も了承の上服用することになった。

医家向けの「治療指針」によれば、「対症療法としては、精神安定薬、利尿薬が用いられるが、ピルによる排卵抑制で多くは症状が消失する」と記されている。こういった身体的理由であるのに、その主訴を精神症状の類として軽く受け取り、心理的な要因にだけ的を絞り、「カウンセリング」で狙い撃ちする未熟な臨床心理士が多いのには困ってしまう。

とりわけ、青年期の前期、いわゆる思春期の身体発達の劇的な成長変化の際に症状化する、「起立性調節障害」のための身体不調で登校できない生徒を「不登校」と決めつけてしまい、その原因を親子関係の歪みと思い込み、かえって深刻な事態に追いやる困ったスクールカウンセラーも結構いて、私どもの方が当惑してしまうのである。

教育カウンセリングはまことに幅広い領域に視線を向けての業務、教育のこと、発達のこと、身体のこと、そして心理的トラブル等々、トータルな見地に立っての心理診断とその適切な対応が求められているのである。

いま教育カウンセリングの世界では、大量のスクール系カウンセラーが学校に教育委員会側よりあてがわれている。大切なのは、教育する側、子を育てる側がこのカウンセラーの対応を鵜呑みにしないで積極的にクレームを付けることであり、要求することである。学校は駄目とカウンセラーを拒否するか、あるいは育てるという自負心をもってほしいのである。

これこそが、これからの教育カウンセリングの課題であり、教師の側が積極的に学校カウンセラーに迫るという対応が今求められているのである。

教師の対応が「PTSD」を誘発

ここでPTSDと教師の対応について論じておきたい。

災害神経症と言えば、天変地異の多い日本列島に住まいする日本人にとって、身近な症状の一つと言える。

災害とは、「不時の災い」、不時とは「思いがけない時」のことを言うのだが、その代表ともいうべき地震に限らず、台風一つにしても、人為的なものでないいわゆる自然現象だけに、たとえ気象情報が先行しても、被害をうけるとやはり「不時の災い」ということになる。

予想通りの「台風」が来たとして、「こんな被害になるとは思わなかった」という意味で、それは不時の災いであるが故に心の痛手となる、とも言えよう。

太平洋戦争当時、都市の大半が米軍の空襲で被害を受け、逃げ惑った当時の日本人の心情と、どこが違うのか。ある高齢者のエピソードを紹介したい。

八〇年前の戦争当時、その方は旧制中学生、工場に動員されて米軍機の空襲で逃げ惑ったりしたという。怖いもの知らずの若い時とは言え、グラマン戦闘機に追っかけられ、機銃掃射で狙い打ちされた時など、生きた心地がしなかった、という。

しかし、今度の阪神大震災を較べて、どっちが恐怖だったか、地震の方だった、そうである。「寝込みを襲われたせいもありますが、予期せぬ『不意打ち』だけに、心の方も殺られた感じがしています。

戦争中はゲートルを巻いて、背中にはリュックや鉄兜を背負い、敵である『相手』ははっきり認知して対応していましたので、不意打ちとか理不尽とかいった感覚でなく、前もって『心の準備』が出来ていたので、ストレスではあっても、『心の傷』にはならなかったのだと思います。

しかし、今回は、さすが自信家の私も『気が萎えて』どないにもなりませんでした。

あれから二ヶ月半が経過していますのに、家が全壊して生き埋めになりかけたことも手伝ってか、もう手も足も出ません。まだ放心状態です。神経が集中していないんです。」

同じ芦屋市に住まいしていた知人のエピソードが、今も脳裡にしっかり刻印されているのである。

「PTSD」(心的外傷後ストレス障害)で言えば明らかに二期のまま、と言える。

「PTSD」的見地に立つと、被災者の生体にはまず恐怖期があって、その次に警戒期、そして昇華期、と三つのステージがある。

今は高齢の元会社社長は、不意打ちを食らって、「生体」も心もプッツンしてしまっているのである。子どもの若さと柔軟性に較べて、高年齢者の「老いと頑なさ」は毒である。

中高年齢者の被災者ほど「PTSD」的ショックの度合いは強いのである。

「心のケア」は、被災地に身を置く限り、子どもよりも若者よりも、高年齢者の世代人間に積極的な対応が必要なのである。

小学校三年で、昭和十八年(一九四三年)の「鳥取大地震」を、また引き続いての福井大地震、「地震慣れ」があって、少々の揺れに強い筈のつもりだったのだが、高齢を直前にしての阪神大震災（芦屋市在中）、家屋の倒壊や損傷は免れたにせよ、やはり「恐怖」体験の後遺症は尾を引いたのであった。

あの地震発生のすぐ後、夜明け前の空が異様なカラーで染まり、地鳴りともいえる不気味な轟音、続いて家を突き上げんばかりのタテ振動、間髪入れずのヨコ振動、荒れる大海に浮かぶ木の葉のように大揺れのマイホーム、生きた心地がしなかったと思う余裕のないほどひどいものであった。

その後、「PTSD」がわが身を襲って、外出の際でもわが家のベッドでも肌身離さず持っていたのは「ヘルメット」「懐中時計」「携帯電話」に「携帯ラジオ」、おまけにポケットにはクッキーとチョコレート、また水の入ったボトルを手元においてのライフスタイル、言ってみれば「PTSD」の第二期の延長の上の生活が営まれていたのである。

余震が続いて、ヘルメットを枕がわり、服装も着たきり雀の生活から、ごく普通の生活に戻るのには、二ヶ月半の日を要したのである。

当時、集中しない、物忘れがひどい、不定愁訴が増える、意欲が湧かない、腹を立てたいのに立たない、泣きたいのに泣けない、愚痴りたいのにできない、ひたすらじっと耐えての毎日、次第に薄紙を剥がすように「気になる」感じ方が少しずつとれてきたのである。

大人でもこうなのだから、「子ども」はもっと大変、と思いたいのだが、実際は大人の推測・憶測する以上に耐性があるのではないだろうか。

但し、地震に遭遇するその状況によって、かなりの違いがあるのは事実なのであるが。
1・客観的には悲惨でも、子どもの感じ方で受け止め方は、千差万別
2・客観的に一部破損あるいは家財が室内で倒れた程度でも、神経過敏な子どもの生体反応感度が高いと、不安や恐怖は増強され
3・たとえ最悪状況下であっても、親の情緒の安定如何で、子どもの反応は、片や恐怖の連続、こなた平常心といった二つの方向に分かれるともいえる
A市教育委員会の指導課に勤務の指導主事のE先生曰く、(西宮市在住)「マンションの六階に住んでいてあの地震、一番上は八階でしたので、最上階よりましとは言え、私たちの寝室は壊滅状態、ところが隣の子ども部屋では、心配で起こしに行ったものの、兄弟二人とも『何があったん?』と寝ぼけ眼、これには私や家内の方が拍子抜けでした。
咄嗟に、もう何も言わないでおこうと判断し、『ゆっくり寝なさい』と言って、私たち夫婦も平静な様子の子どもにあやかって、その場にへたり込んだものでした。」
かと思えば、N市のある小学校では、学校が再開し、登校してきた児童たちの半分は、被災地の渦中の校区でもあり、まさに呆け症状、「見るからに無気力状態で、反応が鈍いのにはびっくりしました」と語る、三年担任のA先生の弁。
隣のA市のT教諭。四年生を担当、「ときどき何を思い出したのか、ワアーと泣き出す女の児がい

るのですが、突発的に泣き始めると、まわりの児もつられて、同じように泣き出すといった日が、二週間続きました」と、その間の対応の苦心の様子を語ってくれた。

問題なのは、パニック体験の「のみ込み」である。

とは言え、こちらの方から、「のみ込むな」とも言えない。

こういう時、その子の気質や体質が吐き出すタイプとのみ込むタイプに分かれる、とも言える。学校内での対応のポイントは、恐かった体験を語り合ったり、絵を描くなどで表現し合い、確かめ合うという共同作業は心の絆づくりにもなり、不安が解消され、克服の準備につながると言える。

「皆耐えて我慢しているのに、いつまでもグズグズ言って！」といった対応が一番まずい。「そう、恐いのは皆一緒よ！」といって、小さい子なら「抱く」というのが効果的である。

恐怖や不安が退行現象を引き出すのであるから、群れる集団づくりの中で大変だった体験を共にして表現し、「災難に遭った」ことの人生体験の一つの運命といったものへの取り組みの大切さを教師が分かること、同時に大震災の心の後遺症に立ち向かうのには「生きる」ことの哲学的洞察も欠かせない点など、留意すべき点が多い。

大震災の後、学校が再開されると、それまで不登校で長く休んでいた生徒が、「これで学校へ行ける」といって、登校も再開というエピソードをよく耳にする。

わがフリースクール、「スクールレス・スクール」の子どもたち、過去が一掃されたのか、震災後の気分は快調、活気を漲らせている。心機一転の時である。

Ａ君は、近所の沢山の家が潰れて死人も出たのを知って、「こんなことで死ぬのだと、人生は淋しい」と思い、「もう学校に行くしかないと思った」と、二月の下旬に登校、四月の現在、無事に登校している。

元気印の子どもたちには激震体験はショックであっても、若い柔軟な生体は、「飛行機墜落事故」で奇跡的に助かる幼児のように、耐えるパワーを持っているのである。

教師はこういう時、静かに「どんなことでも受け入れることができるから、何か心のひっかかりがあれば、また、身体症状の異常を感じることがあれば言ってね！」と言ったメッセージを子どもたちに伝えて待てばよい。

訴えがあった時、その子への限りない共感と心情のフィードバックに努めて下さるだけで、子どもの心の癒しになるのである。

ところで先に触れた「飲み込み型」の場合だが、「心のケア」が新聞記事となって、頻繁に紙面を埋めるようになったある日、三人の子を育てたという初老の夫人が来談され、こんなことを話された。

「震災後、心のケアの記事を読んでいるうちに、四十年前、私が小学校五年の時、梅雨期の豪雨で裏山が崩れ土砂で家が埋まり、恐い体験をしたあの時のこと、ずうーっと私の脳裡に刻み込まれたのでしょう。子どもの教育で、普通以上に『危ないから、恐いから』と口うるさく言い過ぎ、三人とも神経質の子にしてしまい、その結果、あの子たち、生き辛い思いをしているのか、と分かって心が痛んでいるのです。」

夫人の訴えは、「だから震災に遭った子どもたちに『ＰＴＳＤ』的考え方を予めオリエンテーションすべき」という内容であった。

要は、気をつけるべきことは何かを知り、こだわり過ぎに気づくことの出来る「教師」の英知に期待したいものである。

二〇二二年正月一二日の朝日新聞の朝刊に「行き過ぎた指導」で退学、高校側が謝罪し和解という

記事が出ていた。

広島県下の私立Ｇ高校の男子生徒の親が、学校の「体罰」が誘引し、不登校となり通信制高校に編入したのは、指導の行き過ぎにあった、と民事裁判を―。

しかし和解したという。

謝罪と解決金を支払うことが条件、である。学校側は「―体罰については再発防止を徹底する」とコメントしたという内容であった。

ところで、日本の学校教育の中心は、教科学習である。オートバイの曲乗りや空中サーカスを教えるわけではない。身体に覚えさせる「体罰的教授法」というのは、教える内容によって許されもしよう。

しかし、英文法を習ったり解析学を理解するさいに、教える側が教えられる相手を「殴る」、「たた

く」の方法で思考や記憶に刺戟を与えたとして、一体どれだけの効果があるというのだろうか。体罰を与えて頭が良くなるのならともかく、逆に回転が鈍り硬直してしまうのが落ちである。

戦前、軍隊に召集された新兵さんが、「軍人勅諭」なるものをまる暗記させられ、覚えられないでいると班長に猛烈なビンタをはられたと聞いているが、これとて、せいぜい記憶促進のためのちょっとした刺戟にすぎなかったのではないだろうか。

日本の軍隊は、陸軍も海軍も殴られ損ばかりの兵士で戦ったのだが、肝心なときに役に立たずじまい。なんのためのビンタだったのか、私たちが後で聞いてみて、ナンセンスと思える事ばかりであった。殴るだけで、戦争に強い兵士が出来上るなら、世界中で一番多くビンタを喰わされた日本軍が世界最強であったろうに、と思えるのである。

やや昔の話になるのだが兵庫県下にH学園という進学校がある。この学校は、校長自ら体罰を肯定していたユニーク（？）学園である。開設当時は、テストの結果、零点を取れば、平手だと三六発、こん棒であれば一六回と決められていたという。

英語も担当している校長さん、生徒から一番恐れられている。この先生が教室に入ると、生徒諸君は、蛇に睨まれた蛙の如く萎縮してしまう。

この三月、私大を卒業したI君という若者が、恋愛のこじれで悩み、私のところにやって来た。話し合っているうちに、出身校が「受験校」であったため、精神的に歪んでしまった、と語ったので、母校は?と聞くと、この三六発のH学園という返事。

彼はこう話してくれた。

「あの学校に決めたのは、面倒見がいい学校というので親が気に入り、すすめられました。僕も卒業生がいい大学に割とたくさん合格しているので、安心と思い決めたんです。行ってみたら、本当に面倒見(?)がよすぎて、どんなに大変だったか……、耐えられたのが不思議なくらいです。僕は高二までトップだったのですが、高三で調子を崩し、浪人して関西のK学院大学へ入ったのです」

I君は、三つの事実を挙げて、その問題ぶりを指摘してくれた。

◎卒業後は「精神的急性弛緩症」
一つは、卒業時に、ほとんどの生徒が眼鏡を掛けるようになるということ。

その理由は、授業中に当てられて間違うと、教師に殴られるので、目を合わさないよう四六時中机にうつむくのが癖になり、近視になるのだという。

二つは、全体的にH学園出身者は背の伸びが悪く、とくに同学園中学部から入学した者ほどその傾向が目立つということ。

彼の話によると、毎時間が脅迫学習のため、生徒たちは萎縮して背が伸びないのだという。とくに、六年間もやられっ放しの中学入学組がひどいそうである。

「ひと目見ただけで、中学組、高校組と分ります。高校入学組は、それまでの三年間、公立の中学校におりましたから、少しは助かったみたいです。」

三つは、無事に卒業して念願の大学に合格し、入学した後に必ず後遺症が出るということ。

彼の説明によると同級生のうち、京大に五人、阪大に十人の合格者がいた。順調であるなら昨年の三月には、卒業していなければならないのだがどちらもまだだという。

阪大組のうち、一人は一回生のまま、もう一人は中退（学習困難のため）、あと八人全員二留とか。京都大学の五人も同じく二留。

彼はその原因を次のように語ってくれた。「小心でおどおどしている生徒たちが、牛や馬のように追い回され、『殴られ、たたかれ』ている教育環境の中で何年もすごすと、大学へ入学したとたん、一気に緊張がほぐれ、何も出来なくなるんです。言うならば『精神的急性弛緩症』みたいなものです。」

こう話したあと、彼は人に語るも恥ずかしい、みじめだったこのH学園の三年間の経験が意識の底にあり、いつもある種のコンプレックスを感じるのだと悩みを漏らすのだった。

在学中の生徒やその親たちの中には、大変なところに入ってしまったと後悔するのも多くいるのだが、「じゃあ退学しろ！」と言われるのが恐くて文句の一つも言えないのである。

考えてみれば、親も子も、「あの学校ならいい大学へ入れて貰える」といった欲得的発想で選んだのだから抵抗するファイトも湧かないのであろう。

学校も抜け目がない。入学のさい父兄から、「文句は言いません」という一札を取っているのだ。

当時は、家から少し離れたところに出かけるのに、制服着用と決められていた。ある時、一人の生徒がその境界線を越えた理髪店に出かけた、それが教師に知られ、三日間の停学になったというエピソードも耳にしたものだった。

暴力教師の二つのタイプ

◎「人生は十八歳で決まるんです」

教師の暴力には二つのタイプがある。

一、言語性の暴力

二、動作性の暴力

言語性の暴力教師は、先に挙げたH学園は例外として、大体のところ「受験校」に多く見られる。〝名門大学〟への合格者をいかに多く出すかが「受験校」の評価になるのだから、にこにこ笑って励ましているだけでは間に合わない。

生徒の顔を見ると「やっているか?」とにらみつけるように詰問し、少しでもペースが落ちていれば「そんな調子だと○○大学しか行かれへんぞー」と暴言でもって脅す進学系の学校の教師たち。

線の細い先生だと「君、○○大学ぐらいはいけよなあー、あれ以下やったら行ってもしょうがないぜー」と分ったようなことを嫌味たっぷりに言う。

神戸のある高校で進学指導担当の教師が、母親たちを集めて言った。

「お母さん方に言っておきますけどね、人生は十八歳で決まるんですからね。やらへんものは、もうおしまいと思って下さい。」

この先生の言いたいのは、十八歳でどの大学に行けるか行けないかが決まるわけだが、それによって人生の幸不幸も決定するというのである。

こんなことを平気で話す教師は、ご自分がどうだというのであろうか、たかだか高校教師じゃないかと反発されたら、どう答えるのだろうか。大学のランク付けだけで、人間の値打ちまでも決めかねない未熟な教師が、日本の教育界に多すぎはしないだろうか。未来を信じ未来を生きようとする、可能性に満ちた若者たちをつかまえては、「あんな大学」「こんな大学」と思い込ませてしまう教師の言葉こそ心理的暴力に他ならない。

これは、私の主観なのだが、教師には意外と挫折組が多いように思う。実社会といっても学校は子ども相手。当初から逃げ込んだと言えよう。少しでもこの世の荒波にぶつかっている人なら、学校で計る評価が生き抜く能力とそれほど関係がない事を知っている。

しかし大学卒業のあと、すぐに教師になって受験戦争の最前線に出るとなると、人間の能力を総合的に見ることの訓練の機会がなく、未熟な人間観のまま一生すごすことになりかねないのである。

そして、何十年もの教師稼業の末、卒業生がこの世で一人前になるのを、見とどけられ得る頃になって、成績とはかかわりなく、結構下の方だった教え子が、個性的にたくましく生きているのを知って、やっと考え方を訂正する。

だが、この時すでに定年前、皮肉なものである。

ところで、「テストに弱い」子の集る私立高校の教師の暴力とは、どんなのをいうのか考えてみたい。

◎体力派教師もインテリ教師も

昔のことだが私は「学業不振生徒」ばかりの私立高校で、教育相談の仕事をしていたことがある。「高校浪人」をなくそう、という大義名分で急ごしらえの小さな山の上の学校だった。それだけに、出来ない生徒がどっと押し寄せたのだった。

色々な事件が続発した。
・朝礼の最中、校長の発言に反発した乱暴な生徒が、いすを振り上げて殴りかかり、ケガをさせた。
・英語の授業中、うるさい生徒に注意した担当の先生が、叱り方がひどい、といって突きとばされた。
・体育の時間に遅れてやってきた生徒を時間講師の先生がひどくたしなめた。叱り方が偉そうにしていると反発し逆上したこの生徒、近くにあったスコップを振り上げ教師に襲いかかった。この先生の右手に一〇センチの深い裂傷。

今から思うとあの時期、校長以下教師がよくも耐えたものであった。

こういう学校で適応しやすいのは、体力派の教師である。柔道、空手、ボクシング、剣道、ラグビーといった技術を何か身につけていると、乱暴な生徒を力で押えるコツを身につけている。しかし、これが便利というので行き過ぎると暴力教師になる。

青白きインテリ派の教師はというと全くお手あげ、生徒にお上手を言って同情を売ることで身を保つしかない。そのかわり、彼らの違反を「見ざる聞かざる言わざる」式に黙認し取り引きをする。

それでも要領の悪い抽象思考派の教師は、ストレス病で学校をやめるか、行き詰って自殺もしかねない。

目には目、歯には歯方式で生徒を押えねばならない学校では、どうしても体力派の教師が、生活指導、生徒指導の部門を握り大きな勢力をもつようになる。

「指導の先生だけには言わんといて」という発想が学校に漂う。生徒たちは、「恐れる」ことで一見従順になっているのだ。

「あの先公に見つかったらヤバイ」、と先輩から後輩に受け継がれてゆく。

「やられるかもしれない」という用心が生徒たちの意識にあることは、見方を変えると、彼らが教師の暴力を予想していることになる。

私の知った国語の教師で、授業中生徒を狂ったように、バシバシたたくのがいた。そのうち、生徒たちがこの教師に順応した。それからは何もしないで「睨む」だけで生徒が思い通りになった。この先生の授業時間中、生徒は国語学習をしているわけではない。ただ萎縮しているだけ。生徒が大人しいからといって国語の力がつくのでもなかった。当の先生は、一番素晴らしい授業をやっていると自認していたが。

評価という名の〝暴力〟

そういえば〝名門〟私立女子大学の学長に就任されたY先生が、大阪は名門の旧制のT中学の恩師のことを思い出されて、こんなことを言っておられた。

「あの頃、出来が悪いとどの教師もすぐに『私立へ行け私立へ、お前みたいな点数しかとれないと私立も採ってくれへんぞ』と言われ、よく脅されたものです。そのためでしょうね、私立は悪い学校というイメージがいつまでもあり、その偏見のため私自身がずい分苦労しました。」

昨今の教師たち、口に出して言うか言わぬかは別にして、腹のうちは、この教授さんの時代と本質的には変わらないのではないだろうか。

今だって、「T高校に行けへんぞ！」と脅しかねない中学教師がいるのではないか。学校で言えない場合は、アルバイト先の塾でのたまわっておられるかも。

「教えること」と「評価すること」が、教師の仕事であるのだが、この「評価」というのが曲者である。教師は正直言って、「出来る子」が好きである。「出来ない子」は拒否されやすい。敏感で感受性の強い青少年の時期に、教師の評価付けでこの世の厳しさをまず体験するわけだ。それだけに、最初の経験はいつまでも忘れ難い。

教師が、「出来る子」を受容し「出来ない子」を拒否している態度を知らない生徒はいない。受け入れられる子は、プライド型に、拒否される子は、コンプレックス型となって意識が固着化してゆく。人間誰しも「愛され、受容され」たいものである。それだけに「出来ない」ために拒否されるというのは、具体的に殴られたり、たたかれたりはされないにしても、「がーん」とやられるほど痛いものだ。そのうち「俺はこの程度」と諦めるようになるのだが、ほんとうに拒否されるときほど嫌なものはない。

有名な女流文学者田辺聖子さんが、女学校時代を思い出してこんなことを言っていた。

「比較的よく出来ていた私は、どの教師からも受け入れられて当たり前という感覚になっていたんです。ところが女学校になって三年生頃だったでしょうか。男の先生が受け入れやすい女生徒は、勉強だけでは駄目で、「可愛くて女性らしさ」がないといけないんだ、とあとで分るようになったんです。教師の態度から『女では負け』と悟ったのでした。ほんとうに悲しかった。その時両親を怨みました。でもそれ以上に残念だったのは、神様のように思っていた先生像を変えなければならなかったことでした。」

そう言えば、私にもいつまでも脳裡から離れないある嫌な記憶がある。

◎精神的暴行の傷は消えない

昔の話で恐縮だが、私の高校生の頃の事を紹介したい。

たまたま風邪で学校を休んだ日だった。私にはとても苦手な数学の教師で京都大学出のS教諭というのがいて、クラスの全員に、「井上は休みか。あれちょっとこれ変なのと違う?」と、いつも持って歩いていた細い竹の棒を自分の頭に向けて言った、というのであった。

翌日学友からそのことを聞き、「俺、変な人間なのかなあ?」と思い、何日も眠れなかったのである。言うほどには成績がよくない者が、生意気な批判を教師に向けたり、分ったようなことを口にする割に、成績が中程度、この教師、いいチャンスとばかり私の休んだ日に「欠席裁判」をやったわけだ。

この当時のことで、他はほとんど忘れてしまっているのに、この出来事だけは、鮮明に思い出せるだけでなく、フルネームF・Sも、沢山の教師の中で不思議と覚えているのである。

ほんとにこの先生、嫌な老教師であった。このS教諭に「体罰」的な暴力をくわえられたわけではないが、やはり精神的には大変な心的外傷であった。

もちろん、こんな教師ばかりではない。何事もいいように受け取る先生もいた。

たしか小学校の三年生だった。私の書いた習字の出来がよかったのか、教室の後ろに貼り出されたことがあった。ところが、悪童の一人が「井上はお手本を写しよった」と担任の先生に告げ口をしたのである。丁度この頃、近くに習字の教室へ通っていて、習字の先生の書いたお手本があって使っていたのを、私の隣の子が見付け、私がてっきり写したものとかん違いしたのだった。

この時、高橋という担任の教師は、私に何もたずねないで、「写してもこんな上手には書けないもんだ!」といって、壁に貼った私の作品を長い間そのままにしてくれたのだった。

教育者の端くれである私には、やはりこの時の教師の態度、一生の「お手本」になっている。

後書き

日本のエリート層は「受験秀才」の落し子と言っても過言ではない。それ故なのか、拙著『受験秀才は危ない』は米国議会図書館などが購入しているのである。光栄の限りである。日本のリーダーのパーソナリティを知る上で役立つ書物なのだ。

勿論、米国だって、英国や仏国もエリート大卒の大半が占めているのは周知の事である。しかし、彼らは「受験秀才」として仕立てられのし上がったパーソンではない。

バランスの取れた偏りのないレベルの高い教育機関をくぐって選ばれたエリートたちである。日本と違って「受験秀才」とは言えないバランスの取れた秀才達である。

比較的安定した教育機関の中をその優秀な頭脳を駆使して登り詰めた人たちであって、「受験術」を早くから身につけ「のし上がった」のではない。能力の高い資質のある有能少年が自然と辿っていった結果、選ばれたエリートとして活躍しているわけで、そこには何の痼りも無いのである。

日本のエリート、それも高学歴者のパーソナリティは違う、選抜の儀式を無事乗り切ったとはいえ、「エゴの塊」人間である。言ってみれば、戦前からそうだから、旧陸軍が海軍の秀才達の集まる世界に身を寄せ、偏狭的発想を唯一のものと取り込み、その結果が「東条英機」などの同類人種が日本の破滅を齎《もたら》したのである。

本書の終わりに際し、八〇年前、太平洋戦争（大東亜戦争）に踏み切った当時のエリート軍人、東条英機大将の姿と終戦を終えていた八月十五日、特攻機に乗り十一機を道連れにした最後の海軍司令長官宇垣纏中将のエピソードを添えておきたい。

点数、評価、受験の至難を乗り越えたリーダー達の「心理現象学」でもあるのである。

昭和二十年八月、終戦の間際、宇垣纏海軍司令長官はトップの座にあった。

この宇垣中将は、昭和十八年四月十八日、ラバウルの基地から当時の連合艦隊司令長官山本五十六海軍大将と同乗飛行機は違ったものの、ブイン基地へ二番機に乗って向かっていた。

ところが、米軍の諜報解読者はその飛行の暗号文を解読しており、待ち伏せていた米国のＰ38の戦闘機に襲われ、ブイン北方の密林に墜落、命を落としたのは歴史的に有名である。

後ろに付いていた二番機同乗の宇垣中将も同じく墜落の憂き目にあったのだが、重傷をおったものの生き残った。そして、終戦間際、最高司令官の「親補」を委任され、鹿児島県の鹿屋航空基地で米国艦船への片道切符、特攻隊の戦術を指揮していたのである。

さて、問題は、海軍大学校を一番で卒業した宇垣中将の最後の戦いのエピソードが危ういのである。

時は、すでにポツダム宣言受諾が決定事項となり「戦い」は終わりに近づいていた八月十四日、大本営から「ソ連沖縄方面に対する積極的攻撃中止せよ」の命令を受けていたのにもかかわらず、である。宇垣中将が部下の宮崎参謀に「明日、沖縄のアメリカ艦隊に五機の特攻機を出撃させる」と命令したのだという。

宮崎参謀はすでに戦いは終わっている状況下にあって、その命令に驚き、長官も一緒なのかを尋ねると、自分も乗るという。外国放送では日本の「無条件降伏が決定した」と伝えていたのに、である。そして、その翌日の八月十五日正午、天皇の放送もあるのも分かっていた。しかし、特攻機で突入、という命令書作成を宮崎参謀に促していたのである。反対する部下の意向を無視して命令書を作成させ、五機の特攻隊が選ばれたという。

正午には「無条件降伏」の天皇の放送がなされていた。戦争は終わったのである。にもかかわらず、「アメリカ艦船」に突入するという。当初五機である筈の戦闘機が、六機増え十一機になっていた。

この「不思議」な戦闘のトップが海軍大学卒業一番の時の司令長官宇垣中将だったのである。

そして、結果はどうなったのか。吉村昭著『最後の特攻隊』によれば七機は突入したのだという。長官機は「水上機母艦」だったとかー。

死ぬために、いわば「自殺」行為に他ならないのだが、死に場所求めた最高司令官の思いはともかく、唯一人で死んだわけではない。十一機もの道連れで、である。

「無駄な死」といえば、無駄、頭の良い成績トップの人間がこれである。日本が負けたのも「所詮」は成績の基準が全ての人選の背景にあっての悲劇、即ち、テストに強い人の言いなりで、日本は負けたのである。

受験に強い学校秀才の末路である。

最後に、率直な、私の「教育観」を述べてみたい。

私の小・中・高は、いわゆる「出来る子」ではなかった。いわば、中間帯を歩んできた、と思う。それだけに、「出来る子」と「出来ない子」を使い分けしていた教師の関わり合いをじっとみてきたのである。

率直に言うと、「教師のエゴ」だが、出来る子には「優遇」、下は「冷遇」である。

児童・生徒にとっては「平等」である筈が、現実は「そうでない」のである。その構造は今なお、そのままである。

先にも触れた、「田辺聖子」さんのひと言ではないが、男教師の女生徒への関わり方は同じ構造である。

幸い、私は「大学・大学院生活」で自分を取り戻した。

とりわけ大学院は最高であった。

なかでも、文化勲章・文化功労賞を受賞された「故・梅原猛」先生が恩師だった体験は忘れ難い。「教師に学ぶ者」にとって至宝に値するものであった。

小・中・高の十二年間と違い貴重な体験を誇りに八十七年間生きて来た、と言っても言い過ぎでないことを最後に述べておきたい。

『突然の死とグリーフケア』春秋社、1997
『ひきこもりからの旅立ち』朱鷺書房、2001
『いじめ騒動記』メディカルレビュー社、2008
『子どもにやさしい学校』ミネルヴァ書房、2009
『子ども学概論』近大姫路大学、2009
『蘇る教師のために』川島書店、2011

共訳

『文化の意味』法律文化社、1980

監訳

『天才の秘密』世界思想社、2009

教育ビデオ制作（監修と解説）

『切れる』（文部科学省選定）PHP、1999
『いじめ』PHP、2000

[井上敏明著作一覧]

著書

『受験生の心理』北文社、1976
『受験秀才では危ない』北文社、1977
『思春期病』朱鷺書房、1978
『無気力症』朱鷺書房、1979
『心のカルテ』朱鷺書房、1980
『臨床的教師論』明治図書、1980
『学歴の深層心理』世界思想社、1980
『対人関係の深層』世界思想社、1981
『患者の深層心理』世界思想社、1982
『現代人の心の深層』世界思想社、1983
『登校拒否の深層』世界思想社、1985
『親と子の原理』朱鷺書房、1986
『学校ストレスの深層』世界思想社、1986
『子どもの勉強・進学で迷ったとき読む本』PHP、1993
『知能のタイプ』朱鷺書房、1994
『教育臨床とカウンセリング』富士書店、1995
『「いじめ」カウンセリング』明治図書、1996
『身心相関とカウンセリング』富士書店、1998
『ひきこもる心のカルテ』朱鷺書房、2002
『心の解読とカウンセリング』富士書店、2003
『アスペルガーの子どもたち』第三文明社、2004
『頭のいい子の落とし穴』第三文明社、2005
『適応障害とカウンセリング』朱鷺書房、2005
『朝が来ない子どもたち』第三文明社、2006
『漫画でもわかるアスペルガー読本』メディカルレビュー社、2008
『なぜ、あの子は無気力症になったのか』明治図書、2009
『日常生活の心的病理』朱鷺書房、2021

共著

『続・教育相談の道しるべ』教育出版センター、1976
『知性の探求』法律文化社　、1978
『落ちこぼれっ子が大人になったとき』世界思想社、1983
『中高年が危ない』富士書店、1986
『心のつかれ』あゆみ出版、1991
『教育臨床』あゆみ出版、1991
『いじめに、学校はどう取り組むか』明治図書、1996
『生きる』六甲出版、1996

著者略歴

井上敏明（いのうえ・としあき）

1935年、京都市生まれ。1962年、立命館大学大学院文学研究科哲学専攻、修士課程修了。研究分野は臨床教育学。臨床心理学博士（Ph.D)。児童指導員、中学教諭、高校教諭、被昇天短期大学教授、神戸海星女子学院大学教授を経て、芦屋大学大学院特任教授。現在、六甲カウンセリング研究所所長。兵庫県警本部心理カウンセラー、大阪音楽大学、芦屋市・尼崎市教育相談センターなどの心理相談顧問。

スクールカウンセラーのパイオニアとして長年の功績で、平野博文文部科学大臣より表彰を受ける。(2012年8月8日)

神戸税関長賞の他、兵庫県警、朝日カルチャーセンター、石川県教育委員会、兵庫県立神戸高校、西宮北高校より感謝状を受ける。

NHK教育テレビ・ラジオなど「教育相談担当」、全国各地教育問題の講演、40年間に及ぶ。

日常生活《にちじょうせいかつ》と教育病理《きょういくびょうり》 －偏差値《へんさち》コンプレックス脱却《だっきゃく》を求《もと》めて－

2023年3月20日　第1版第1刷

著　者　井上敏明
発行者　嶝　牧夫
発行所　株式会社朱鷺書房

奈良県大和高田市片塩町8-10（〒653-0085)
電話 0745(49)0510　Fax 0745(49)0511
振替 00980-1-3699

印刷所　モリモト印刷株式会社

ISBN978-4-88602-558-6　C0036　© 2023　Toshiaki Inoue
ホームページ　http://www.tokishobo.co.jp